Lore Kleemann

Glücksorte in Bamberg

Fahr hin und werd glücklich

Droste Verlag

Dieses Buch gehört

Liebe Glücksuchende,

die Weltkulturerbe-Stadt Bamberg, mit ihrem über Jahrhunderte gewachsenen Stadtbild, ist schon in ihrer Gesamtheit ein einziger Glücksort. Traumhafte Panoramablicke, eine idyllische Flusslandschaft und malerische Gassen verzaubern mit ihrem Charme. Gärten, Parks und eine heute noch gelebte Gärtnertradition eröffnen ungeahnte grüne Paradiese mitten in der Stadt. Die Straßen und Plätze sind erfüllt von pulsierendem Leben. Straßencafés, trendige kleine Läden und junge Ladencafés laden zum Bummeln ein, und nicht zuletzt verlockt eine Vielfalt an kulinarischen Köstlichkeiten. Dieses Buch ist eine Entdeckungsreise zu 80 Orten, die besondere Glückmomente versprechen. Dazu gehören versteckte Orte, aber auch bekannte, die durch einen neuen Blickwinkel zu Glücksorten werden. Glücksuchende können die magische blaue Stunde am Domplatz erleben, den Duft der Provence riechen oder der Kunst des Flanierens nachspüren, in einer Stadt, in der seit Jahrhunderten Süßholz geraspelt wird. Und es gibt noch mehr Glück! Das Umland lädt zu vielen Glückstouren ein mit kleinen Dörfern, schroffen Felsformationen und rauschenden Bächen. Ich wünsche allen Leserinnen und Lesern viel Freude beim Entdecken und Genießen, und mit Sicherheit findet jeder seinen ganz persönlichen Glücksort.

Ihre Lore Kleemann

Deine Glücksorte ...

1 Zur blauen Stunde
Abendstimmung am Domplatz ... 8

2 Grandiose Aussichten
Parkbank am Mühlwörth ... 10

3 Italienische Lebensart
Eiscafé Bassanese ... 12

4 Ein Fest für die Sinne
Vom Grünen Markt zum Bauernmarkt ... 14

5 Wo die Pomeranzen blühen
Schloss Seehof in Memmelsdorf ... 16

6 Auf Entdeckungsreise
Welterbe-Besucherzentrum ... 18

7 Vergangenheit nachspüren
Domherrenhöfe ... 20

8 Schönes zum Verwöhnen
Mohren-Haus ... 22

9 Der Duft der Provence
Kräutergärtnerei Mussärol ... 24

10 Wasserrauschen
Am Geyerswörth ... 26

11 Shopping im Café
Portugiesisches Café Zuckerstück ... 28

12 Die Seele baumeln lassen
Seerosen im Hainweiher ... 30

13 Ein Cocktail am Meer
Obermaintherme in Bad Staffelstein ... 32

14 Augenschmaus
la Tortissima ... 34

15 Paradies auf Erden
Terrassengärten am Michelsberg ... 36

16 Auf Schatzsuche
Antik- und Trödelmarkt ... 38

17 Hausgeschichten
Ahörnla, Ringvogelhaus und Schlenkerla ... 40

18 Burgenromantik
Giechburg bei Scheßlitz ... 42

19 Glück und Weisheit
Unter dem Blauglockenbaum am Pfahlplätzchen ... 44

20 Ganz großes Kino
Odeon und Lichtspiel ... 46

21 Zaubergarten der Fantasie
E.T.A.-Hoffmann-Museum ... 48

22 Glanz des Barocks
Schloss Weißenstein in Pommersfelden 50

23 Idyllische Lage
Schleusenwärterhäuschen am Mühlwörth 52

24 Auf poetischen Spuren
Literarischer Hainspaziergang 54

25 Im Schatten des Ginkgos
Der Vordere und der Hintere Bach 56

26 Lebendige Flechtkultur
Korbstadt Lichtenfels 58

27 Hörnla und Seelenspitzen
Bäckerei Seel 60

28 Alles im Fluss
Klein Venedig 62

29 Edles vom Himmelsgarten
Bamberger Stiftsladen 64

30 Bewegte Geschichte
Kloster Banz bei Bad Staffelstein 66

31 Mit Rosen bedacht
Die Kletterrose am Leinritt 68

32 Die Fülle des Lebens
Gärtner- und Häckermuseum 70

33 Gassen entdecken
Eisgrube am Stephansberg 72

34 Nützliches und Schönes
Bürsten Nickles 74

35 Zum Schutze der Stadt
Das Lächeln der Kaiserin Kunigunde 76

36 Hose mit Kultstatus
Levi-Strauss-Museum in Buttenheim 78

37 Der schiefe Turm
Aussichtsplattform in der Gärtnerstadt 80

38 Kunst im Wasserschloss
Internationales Künstlerhaus Villa Concordia 82

39 Die gute Form
Licht und Design 84

40 Im Rausch der Farben
Schneiders Hutmanufaktur 86

... noch mehr Glück für dich

41 Eine Stadt voller Magie
Bamberg zaubert ... 88

42 Gründerzeit trifft Moderne
Stadtgalerie Villa Dessauer ... 90

43 Weltreise des Geschmacks
Das Würzhaus ... 92

44 Mittelalterliche Klänge
Capella Antiqua Bambergensis in Wernsdorf ... 94

45 Extravagant und trendig
Absatz z. B. Schuhe ... 96

46 Lichtdurchflutete Objekte
Studioporzellan Christiane Toewe ... 98

47 Schöne Dinge des Lebens
Kleines Glück by Wanka Tonka ... 100

48 Frauenpower
Holla die Bierfee in Memmelsdorf ... 102

49 Königin der Instrumente
Orgelkonzerte im Bamberger Dom ... 104

50 Von Spielort zu Spielort
Theater im Gärtnerviertel ... 106

51 Traumblick mit Rosenduft
Rosengarten in der Neuen Residenz ... 108

52 Bildung öffnet die Welt
Volkshochschule Bamberg ... 110

53 Live und hautnah
Jazzclub Bamberg ... 112

54 Lauter Lieblingsstücke
Werkstattladen Mode Macht Mut ... 114

55 Mit Raffinesse veredelt
Storath Chocolatier ... 116

56 Publikumslieblinge
„Das Meeting“ von Wang Shugang ... 118

57 Reizvolle Landschaft
Leinleitertal in der Fränkischen Schweiz ... 120

58 Gelebte Tradition
Krippe in der Oberen Pfarre ... 122

59 Theatralische Zeitreise
Theater der Schatten in der Alten Hofhaltung ... 124

60 Gefiederte Schönheiten
Vogelsaal im Naturkunde-Museum ... 126

61 Barocke Prachtentfaltung
Antiquitäten in der Karolinenstraße 128

62 Ein Blütenmeer
Die Haingögerla 130

63 Wie es früher war
Bauernmuseum in Frensdorf 132

64 Leberkäs' in der Dose
Metzgerei Liebold 134

65 Im Traumparadies
Hofstadt-Gärtnerei Carmen Dechant 136

66 Eine Oase der Ruhe
DaCaBo am Heumarkt 138

67 Flanierend entschleunigen
Die Stengelallee 140

68 Schöner Schein
Kuppel in der Martinskirche 142

69 Auf den Spuren des Silvaners
Auf dem Abt-Degen-Steig 144

70 Die große weite Welt
Main-Donau-Kanal 146

71 Kleinod mit Überraschung
St. Elisabeth im Sand 148

72 Eine Pyramide besteigen
Erba-Park 150

73 Zwischen Luft und Erde
Ein Poet, der leuchtet 152

74 Sanfte Hügel
Fränkische Toskana im Bamberger Land 154

75 Auf den Keller gehen
Spezial-Keller 156

76 Wunsch frei
Das Sams im Glück 158

77 Verehrung des Wassers
Osterbrunnen in Teuchatz 160

78 Bezaubernder Uferweg
Schiffbauplatz 162

79 Brückenzoll als Spende
Fünferlessteg im Erba-Park 164

80 Dem Himmel ganz nah
Schöpfungsweg 166

Zur blauen Stunde

1 *Abendstimmung am Domplatz*

Die blaue Stunde, mit ihren melancholischen Gefühlen, hat mit ihrem besonderen Reiz Einzug in Kunst, Literatur und Musik gefunden. In dieser kurzen Zeitspanne zwischen Sonnenuntergang und Eintritt der Dunkelheit, da wo sich Tag und Nacht begegnen, wird die Stimmung auf dem Domplatz zu einem ganz besonderen Erlebnis. Während der blauen Stunde zeichnen sich die Sandsteingebäude von dem tiefen Blau des Himmels ab und der gesamte Platz wird in eine bezaubernde Atmosphäre getaucht. Insbesondere in der Fotografie nutzt man die Gunst der Stunde, um die magische Färbung des Lichts einzufangen. Auf diesem Platz stand einst die mächtige Burg der Babenberger, einem fränkischen Adelsgeschlecht. Nach ihrem Niedergang gelangte die Babenburg als Schenkung von Kaiser Otto II. an den Bayernherzog. Dessen Sohn Heinrich II. schenkte schließlich diesen einzigartigen, geliebten Ort seiner Braut Kunigunde als Morgengabe. Aufgrund ihrer Kinderlosigkeit gründeten sie das Bistum Bamberg, und es begann eine 1000-jährige Geschichte, die heute noch ablesbar ist. Der Domplatz gilt als einer der schönsten Plätze Europas und ist geprägt von drei Gebäuden: dem Dom, der Alten Hofhaltung und der Neuen Residenz. Die Gesamtheit bildete mit ihrer über acht Jahrhunderte gewachsenen Architektur das geistliche und weltliche Herrschaftszentrum des ehemaligen Fürstbistums. In den Gebäuden vereinigen sich die Baustile aller mitteleuropäischen Epochen vom 11. bis zum 18. Jahrhundert. So kann man in der Abenddämmerung den Blick schweifen lassen von den mächtigen Domtürmen und dem stilistischen Übergang von der Romanik zur Gotik, über den Renaissancegiebel der Alten Hofhaltung bis zur barocken Neuen Residenz. Und wenn dann die Dunkelheit hereinbricht, setzt die Beleuchtung diesen geschichtsträchtigen Platz effektvoll in Szene.

TIPP

Am schönsten ist die blaue Stunde bei klarem Himmel mit wenig Wolken.

Domplatz, 96049 Bamberg

ÖPNV: Bus 910, Haltestelle Domplatz, ab 20 Uhr ALT (Anruflinientaxi); Bus 901, Haltestelle Schranne

Grandiose Aussichten

2 *Parkbank am Mühlwörth*

Der wunderschöne Weg „Am Mühlwörth" führt bis zur Einmündung des ehemaligen Ludwig-Donau-Main-Kanals. Dort steht auf einem Vorsprung direkt an der Regnitz eine Parkbank. Von ihr hat man eine grandiose Aussicht über das barocke Wasserschloss Concordia bis zu den mittelalterlichen Domtürmen und wieder zurück über den Mühlwörth bis zum ehemaligen Ludwig-Donau-Main-Kanal. Je nach Wetterlage und Sonnenstand spiegelt sich das spektakuläre Panorama noch einmal im Wasser. Davor befindet sich die Anlegestelle einer Seilfähre für Fußgänger und Radfahrer, die in den Monaten April bis Oktober betrieben wird. An dieser Stelle wurden in früheren Zeiten die Pferde übergesetzt, die auf dem gegenüberliegenden Treidelweg die Lastkähne flussaufwärts zogen. Nach Stilllegung des Kanals diente ein Fischerboot dazu, Passagiere überzusetzen, und so war es in jüngerer Zeit naheliegend, an diese historische Verbindung wieder anzuknüpfen. Das macht neugierig! Sanft entschleunigt, nur von der Strömung der Regnitz getrieben, kann man für eine kleine Gebühr auf kürzestem Weg vom Mühlwörth an das gegenüberliegende Flussufer gelangen. Von dort führt eine steile Treppe über den Alten Graben hinauf zum Stephansberg, um zu den dort gelegenen Bierkellern zu gelangen, oder man nutzt den gegenüberliegenden Weg für einen ebenerdigen Spaziergang entlang der Regnitz, auf dem es ebenfalls Reizvolles zu entdecken gibt. Auf dem landschaftlich wunderschön gelegenen Uferweg sorgen „literarische" Gullideckel für Kurzweil. Die Keramikkünstlerin Lore Götz gestaltete sie nach Motiven aus den Werken des Schriftstellers E. T. A. Hoffmann. Aber auch von der Parkbank kann man den Blick schweifen lassen über den Fluss, der so prägend für die Stadt ist, mit einer über Jahrhunderte gewachsenen Architektur in einer Spannbreite vom Mittelalter bis hin zur barocken Prachtentfaltung, aber heute prall gefüllt mit buntem Leben zu Wasser und zu Land.

Parkbank, Mühlwörth 17, 96047 Bamberg
ÖPNV: Bus 901, 908, 912, 918, Haltestelle Schillerplatz

Italienische Lebensart

3 *Eiscafé Bassanese*

Die farbenprächtigen Fresken des Alten Rathauses liegen noch im Schatten, wenn die Strahlen der Morgensonne über die orangefarbene Bestuhlung fallen und Körper und Seele erwärmen. Wenn man dann einen Espresso oder einen Cappuccino genießt und dem geschäftigen Treiben auf der Oberen Brücke folgt, glaubt man sich fast auf einer italienischen Piazza. Der Gast wird hier zum Zuschauer eines großen Weltentheaters und die Straße wird zur Bühne. Hier trifft man sich mit Freunden nach einem Einkaufsbummel oder man gönnt sich eine Genusspause mal ganz allein. Wie der Name schon verrät, machen die köstlichen Eisspezialitäten den Hauptbestandteil der Speisekarte aus. Mit Zutaten von bester Qualität wie frischer Milch und Sahne aus der Region, kombiniert mit ausgewählten Früchten und hochwertigen Gewürzen, werden die Eiskreationen nach eigens entwickelten Rezepturen und in bester italienischer Tradition hergestellt. Die zartschmelzenden Geschmacksnuancen der Klassiker wie Vanille, Erdbeere und Schokolade verführen ebenso den Gaumen wie die neuen Geschmacksrichtungen Himbeer-Rosmarin, Campari oder dunkle Schokolade. Auf gleichbleibend hohe Qualität legt man hier besonders großen Wert, so kann man das Pistazieneis ohne Farb- und Geschmacksverstärker genießen und das Mangoeis schmeckt frisch, saftig und herrlich fruchtig wie die Frucht selbst. Die Eisbecher wie Amaretto-Schokolade- oder Früchtebecher sind eine Augenweide und ein himmlischer Genuss. Für die Milchshakes an heißen Sommertagen kann man eine der köstlichen Eissorten wählen, aufgeschäumt mit Milch. Entscheidet man sich dann doch für einen Latte macchiato, lässt man sich von der großen Auswahl an Kuchen und Torten verführen oder wählt man lieber den Klassiker Tiramisu? Kleine Gerichte wie Bruschetta, Flammkuchen oder Crêpes runden das Angebot ab. Wenn dann schließlich die Sonne untergeht, kann man den Tag mit einem Aperol Spritz beschließen und das Weltentheater auf der Oberen Brücke ist noch lange nicht vorbei.

Eiscafé Bassanese, Karolinenstraße 2, 96049 Bamberg
www.bassanese.de
ÖPNV: Bus 906, 910, 916, Haltestelle Am Kranen

Geato Caffè Bassanese
Eis
Mango

Ein Fest für die Sinne

4 *Vom Grünen Markt zum Bauernmarkt*

Der Wochenmarkt mit seiner unvergleichlichen Atmosphäre ist ein Erlebnis für alle Sinne! Die Fülle an Obst und Gemüse, der Geruch von frischem Grün und das besondere Flair ziehen die Besucherinnen und Besucher von Stand zu Stand. Gerade in der Gärtnerstadt Bamberg stehen die Marktkaufleute in langer Tradition und bieten an allen Wochentagen regionale und überregionale Erzeugnisse an. Regional ist das Bamberger Hörnla, eine festkochende Kartoffelsorte mit einem leicht nussigen Geschmack, und der Bamberger Spitzwirsing mit seiner besonderen Zartheit und seinem feinen Aroma. Saisonal erhält man Spargel und Erdbeeren aus der Region und ganzjährig Exotisches aus aller Welt. Der Grüne Markt wird flankiert von zwei Brunnen, zum einen vom Neptunbrunnen, Gabelmann genannt, ein Treffpunkt für Jung und Alt, und zum anderen vor der Martinskirche von einem kleinen Brünnlein mit der Skulptur der Humsera. Sie verkörpert eine Bamberger Gärtnersfrau, die auf dem Wochenmarkt ihr Gemüse feilbot und vor allem für ihr loses Mundwerk und ihre scharfe Wortwahl bekannt war. Am Wochenende reihen sich weitere Stände entlang der Hauptwachstraße, und es bilden sich oft lange Warteschlangen, um frisches Gemüse zu kaufen. An drei Tagen in der Woche kann man dem Duft von frisch gebackenem Bauernbrot der Traditionsbäckerei Schüller nachspüren, ein Brot, das es zu überregionalem Ruhm geschafft hat. Weitere kulinarische Höhepunkte bietet der Bauernmarkt am Samstagvormittag auf dem Maxplatz. Hier präsentieren die Marktbeschicker aus dem Bamberger Umland ihre regionalen und saisonalen Spezialitäten. Die Angebotspalette reicht von Fleisch- und Wurstprodukten über Milch- und Käseerzeugnisse bis hin zu frischen und geräucherten Fischspezialitäten aus der Region. Ebenso darf der fränkische Kren, der traditionell im Bamberger Land angebaut wird, nicht fehlen. Der Markt im Herzen der Altstadt lädt zum Verweilen ein. Ein Erlebnis für alle Sinne mit Glücksgefühlen, die zum Wiederholen verführen.

TIPP

Honigmarkt am Faschingsdienstag, Mittfastenmarkt vor dem Sonntag Laetare.

Grüner Markt, Fußgängerzone, 96047 Bamberg
www.marktkaufleute-bamberg.de, www.bamberger-bauernmarkt.de
ÖPNV: alle Linien, Haltestelle ZOB

Clementinen
500gr 2,50
Perfectly Ripe
Medjoul
Israel Datteln
100gr. 1,80

Wo die Pomeranzen blühen

5 *Schloss Seehof in Memmelsdorf*

Wenn man sich Memmelsdorf nähert, kann man schon von Weitem die markanten Ecktürme von Schloss Seehof erkennen. Seehof wurde als fürstbischöfliche Sommerresidenz und Jagdschloss vor den Toren der Stadt errichtet. Gleich beim Betreten der Parkanlage bietet das Orangenparterre mit Blick auf das Schloss ein atemberaubendes Erlebnis. Mit dem betörenden Duft ihrer Blüten und weithin leuchtenden Früchten vermitteln 168 Pomeranzenbäume in blau-weiß geflammten Holzkübeln einen Hauch von Süden. Die Orangenkultur geht zurück auf die Barockzeit, als die Fürstenhöfe geradezu darum wetteiferten, den größten Bestand an Zitrusfrüchten zu besitzen. Ihr immergrünes Laub und das gleichzeitige Blühen und Fruchten ließen sie zu einem Sinnbild der Unsterblichkeit werden. Anlässlich der Landesgartenschau 2012 wurde das Orangenparterre originalgetreu rekonstruiert, und eine ergänzende Präsentation ermöglicht Einblicke in die Vielfalt der Orangen-, Pomeranzen- und Zitronenpflanzen, die sich durch ihre Belaubung und ihre Früchte unterscheiden. Zitrone, Limette, Bergamotte und Buddhas Hand, die Diva unter den Zitrusfrüchten, mit ihrem eleganten, intensiv blumigen Duft und insbesondere ihrem bizarren Wuchs. Der anschließende Spaziergang durch den weitläufigen Schlosspark erzählt von der höfischen Eleganz vergangener Zeiten. Der Weg führt über Treppenstufen durch die Lindensäle hinauf bis zur zentralen Kastanienallee. Diese reicht von der oberen Schlossterrasse bis zur Schweizerei im Osten und zur Fasanerie im Westen. Von der Pracht des einstigen Rokokogartens zeugt die auf der Südseite gelegene Kaskade mit ihrer doppelläufigen Treppe und Skulpturen des Hofbildhauers Ferdinand Tietz. Und wenn pünktlich zur vollen Stunde das Wasser aus den Amphoren der Flussgötter sprudelt und sich die Fontänen über die Terrassen der Kaskade ergießen, kann man eintauchen in das höfische Lebensgefühl des 18. Jahrhunderts.

TIPP

Wasserspiele von Mai bis Anfang Oktober, täglich von 10 bis 17 Uhr zu jeder vollen Stunde.

Schloss Seehof 1, 96117 Memmelsdorf
www.schloesser.bayern.de
ÖPNV: Bus 907, Haltestelle Schloss Seehof

Auf Entdeckungsreise

6 *Welterbe-Besucherzentrum*

Die fast unversehrt erhaltene Altstadt Bambergs wurde 1993 in die Liste des UNESCO-Weltkulturerbes aufgenommen. Erbe verpflichtet und aus diesem Grund wurde anlässlich des 25-jährigen Jubiläums das Welterbe-Besucherzentrum im Herzen des Mühlenviertels eröffnet. Unter Einbeziehung der ehemaligen Sterzermühle entstand ein spannender Neubau mitten im Zentrum der Altstadt. Bereits im Treppenhaus werden zur Einstimmung exemplarisch acht internationale Welterbestätten gezeigt. Die Ausstellung im ersten Obergeschoss orientiert sich mit einem überzeugenden Farbkonzept an den drei historischen Siedlungszentren: der geistlichen Bergstadt, der bürgerlichen Inselstadt und der Gärtnerstadt. Die Besichtigung der Ausstellung gestaltet sich kurzweilig. Hörbar, tastbar, visuell und interaktiv gewähren Medienstationen Einblicke in die Welterbestätte. In einem interaktiven Stadtmodell werden die verschiedenen Zeitschichten erfahrbar gemacht. Mit dem BAROCK-O-MAT lässt sich spielerisch eine barocke Fassade zusammenbauen, oder man kann sich mit dem PFLANZ-O-MAT als Zwiebelgärtner erproben. Die Ausstellung sensibilisiert Besucherinnen und Besucher für den außergewöhnlichen universellen Wert des Welterbes und motiviert zu Erkundungstouren durch die Altstadt. Großzügige geschossübergreifende Glasflächen schaffen Blickbezüge von drinnen nach draußen und eröffnen immer wieder neue überraschende Ausblicke auf die Umgebung. Zur Abrundung des Besuchs lädt HENRII im Erdgeschoss ein. Das HENRII, benannt nach dem Bistumsgründer Heinrich II., ist ein junges Restaurant mit einer mediterran inspirierten Küche, einer Vinothek und einer Tagesbar. Mit einem herrlichen Blick auf das Alte Rathaus kann man sich auf der Außenterrasse kulinarisch verwöhnen lassen. Unter der Terrasse generiert eine Turbine umweltfreundlich Energie, die direkt in das städtische Stromnetz eingespeist wird. Im Welterbe-Besucherzentrum vereinen sich Tradition und Moderne auf eine wunderbare Weise.

Welterbe-Besucherzentrum Bamberg, Untere Mühlbrücke 5, 96047 Bamberg
www.welterbe.bamberg.de
ÖPNV: Bus 901, 908, 912, Haltestelle Schranne

OLZ LIQUORICE
EXPORT
Süßholz.

Vergangenheit nachspüren

7 *Domherrenhöfe*

Verlässt man den malerischen Innenhof der Alten Hofhaltung durch die hintere Toreinfahrt, gelangt man in die Domstraße. Es ist eine Reise in die Vergangenheit, in eine vom geistlichen Adel geprägte Welt. Seit dem 12. Jahrhundert entstanden hier geschlossene Wohneinheiten mit Wirtschaftsgebäuden und Nutzgärten, die den Domberg kranzförmig umschlossen. Jeder der Domherrenhöfe hatte eine eigene Kapelle, deren Patron namensgebend für den gesamten Hof war. Wendet man sich nach links (Domstraße 5), so kann man einen Blick in den Innenhof werfen, an Werktagen ist das Portal der Dompropstei meist geöffnet. Gleich am Anfang steht eine stattliche Esskastanie mit einem Stammumfang von fast fünf Metern, deren Alter auf zweihundert Jahre geschätzt wird und die vermutlich auf die Zeit von Dompropst und Gartenliebhaber Franz Freiherr von Lerchenfeld zurückgeht. Die Phönixpalmen in ihren prachtvollen Töpfen vor dem barocken Hauptgebäude verleihen dem Innenhof ein mediterranes Flair, und gerade von hier hat man einen der schönsten Blicke auf die Westtürme des Domes. Weiter führt die kopfsteingepflasterte Straße bis zu einer vorspringenden Mauer am Madlershof, an dessen Fassade sich zahlreiche Wappen ehemaliger Domherren befinden. Doch es waren nicht die adeligen Domherren, die der Kurie den heutigen Namen gaben, sondern die Wachszieherfamilie Madler, die im 19. Jahrhundert den Hof übernahm. Am Ende der Domstraße befindet sich der Zobelhof, ein barockes Palais mit Vorgarten diagonal zum Straßenverlauf. Dann sind es nur noch wenige Schritte bis zum sogenannten „Torschuster", einer Tordurchfahrt, die einst den historischen Dombezirk begrenzte. Die prachtvolle Vierflügelanlage des Langheimer Hofes und der lang gestreckte Buseckhof gruppieren sich um die große Wiese vor dem Erzbischöflichen Palais. Von hier hat man wiederum einen überwältigenden Blick über den hochragenden Fachwerkbau der Curia Schönborniana bis zu den Westtürmen des Domes.

TIPP „Im Domgrund" hat man einen wunderschönen Blick auf die Gärten der Domherrenhöfe.

Domherrenhöfe, Domstraße 2–13, Obere Karolinenstraße 1–7, 96049 Bamberg
www.domberg-bamberg.de/highlights
ÖPNV: Bus 910, Haltestelle Domplatz

Schönes zum Verwöhnen

8 *Mohren-Haus*

Hier wird das Einkaufen zu einem außergewöhnlichen Erlebnis! Ein denkmalgeschütztes Gebäude in Kombination mit einem sorgfältig ausgewählten Warenangebot lässt hier die Herzen höherschlagen! Die Geschichte des Gebäudes kann man bis ins 15. Jahrhundert zurückverfolgen, über 300 Jahre befand sich hier eine Apotheke. Gleich im Eingangsbereich empfängt den Besucher die originale Apothekeneinrichtung aus dem Jahr 1810 und der Raum ist erfüllt von den wunderbarsten Düften. Duftträger sind die verschiedensten Teesorten, die neben Honigspezialitäten, Kandiszucker und Marmeladen in den Regalen und Schubladen präsentiert werden. An den ersten Verkaufsraum schließt sich das barocke Treppenhaus an. Hier gibt es die passenden Teegeschirre mit dem entsprechenden Zubehör rund um das Teetrinken. In einem kleinen Nebenraum kann man sich von Delikatessen wie Kaffee, Kakao, handgeschöpften Schokoladen, aber auch von Essig, Ölen und Gewürzen verführen lassen. Und das ist erst der Auftakt! In einigen hintereinanderliegenden Räumen findet man die schönsten Dinge zum Kochen, zum Wohnen und für den Lifestyle. Durch eine Seitentür erschließt sich ein Innenhofbereich mit bunten Gartenmöbeln und ausgewählten Accessoires für das sommerliche Wohnen. Und so ganz nebenbei kann man etwas über das Weltkulturerbe erfahren. Hinter der barocken Eingangsfassade verbergen sich nämlich gleich mehrere mittelalterliche Gebäude, und der Gang diente ursprünglich als Feuergasse. Über eine moderne Außentreppe oder das barocke Treppenhaus gelangt man in die zweite Etage. Hier gibt es individuelle Mode, Wohntextilien und Wellnessartikel für das heimische Badezimmer zu entdecken. Eine Kaffeebar und ein Sortiment für Kaffeeliebhaber runden das Angebot für Genießer ab. Das Mohren-Haus wurde deutschlandweit mehrfach ausgezeichnet und gehört zu den Topadressen für individuelles Einkaufen. So schön, dass man sich auch einmal selbst beschenken könnte.

Mohren-Haus, Obere Brücke 14, 96047 Bamberg
www.mohrenhaus-shop.de
ÖPNV: Bus 906, 910, 916, Haltestelle Am Kranen

Der Duft der Provence

9 *Kräutergärtnerei Mussärol*

Wenn man durch die große Toreinfahrt den Hofladen der Kräutergärtnerei Mussärol betritt, ist die Luft erfüllt von den verschiedensten Düften. In den Regalen reihen sich Chutneys, feine Kräuteressige und Kräuteröle, davor gruppieren sich Körbe mit Gemüse der Saison. Mit dem Namen der Spezialgärtnerei lernen wir gleichzeitig etwas über den Dialekt der Bamberger Gärtner, denn „Mussärol“ ist ein alter Ausdruck für Majoran, eines der Hauptanbauprodukte im Mittelalter. Hinter dem Hofladen schließen sich der Bereich der Topfkräuter und das Gewächshaus an. Herangezogen werden Tomaten, Kürbis, Zucchini, Auberginen, Gurken und Melonen. Dahinter erwartet den Besucher ein Paradies mit bunten Sitzgelegenheiten unter Obstbäumen, arrangierten Terrakottatöpfen und einem großen Kräuterschaugarten, in dem über 200 Gewürz- und Duftpflanzen nach den Naturland-Richtlinien kultiviert werden. Bei einem Spaziergang durch duftendes Grün mit sorgfältig beschrifteten Beeten eröffnet sich ein ungeahnter Blick in die Freiflächen der Gärtnerstadt. Hier bewahrt man die Kultur traditioneller Pflanzen, wagt sich aber auch an Neues. Traditionell ist das seit Jahrhunderten angebaute Bamberger Süßholz. Mit einer Legende verbunden erzählt man sich, Süßholz wachse nur an Orten, an denen Kaiserin Kunigunde und Kaiser Heinrich II. ihren Fuß aufsetzten. Die arbeitsaufwendige Pflanze geriet jedoch in Vergessenheit und wurde erst 2012 im Rahmen der Vorbereitungen zur Landesgartenschau wiederentdeckt. Das Neue ist der Duft der Provence mit dem Anbau der unterschiedlichsten Lavendelsorten. Neben der vielseitigen Anwendung von Lavendel in der Küche kennt man ihn vor allem für seine Heilwirkung. Und so reihen sich in den Regalen des Verkaufsraumes Süßholztee und Süßholzlikör an Lavendelsirup und duftenden Lavendelgeschenken. Ein einzigartiger Glücksort, der zum längeren Verweilen einlädt, und mit Düften für die Sinne, die man auch mit nach Hause nehmen kann.

TIPP

Zu ausgewählten Terminen gibt es einstündige Kräuterführungen, jeweils samstags ab 10 Uhr.

Mussärol Bamberger Kräutergärtnerei, Nürnberger Straße 86, 96050 Bamberg
www.web.biokraeuter.info
ÖPNV: Bus 921, 922, Haltestelle Plattengasse

KÜCHENKRÄUTER

Wasserrauschen

10 *Am Geyerswörth*

Will man die Stadt mit den Ohren sinnlich erfahrbar machen, so ist es das Rauschen des Wassers rund um das Alte Rathaus und das Schloss Geyerswörth. Das Alte Rathaus, mitten in die Regnitz gebaut, markierte einst die Herrschaftsgrenze zwischen der bischöflichen Bergstadt und der bürgerlichen Inselstadt. Ebenfalls in der Flussmitte, dort wo die Strömung an stärksten ist, klapperten über Jahrhunderte die Wassermühlen. Es wurde Getreide gemahlen, Malz geschrotet, Baumrinde zu Lohe zerkleinert und Öl gepresst. Von den Mühlen ist wenig erhalten, da sie immer wieder von Bränden oder Hochwasser zerstört wurden, aber geblieben ist das Rauschen und das Tosen des Wassers. Heute wird die Wasserkraft zur alternativen Energiegewinnung genutzt oder fordert zu sportlichen Aktivitäten wie dem Wildwasser-Kajak-Fahren heraus. Das malerische Panorama von den verschiedenen Brücken bietet traumhafte Fotomotive. Ein lauschiges Plätzchen mit herrlicher Aussicht findet man auf einer Parkbank unter dem schattigen Baum direkt vor Schloss Geyerswörth. Geht man jedoch nur wenige Schritte hinter das Schloss, so wird es auf dem Wasser ganz still. Als Wörth bezeichnet man in Süddeutschland eine Flussinsel, und Namensgeber war eine Patrizierfamilie, die einst hier lebte. Das Schloss teilt den linken Regnitzarm in zwei Wasserläufe, in den rauschenden Mühlengraben und in den ruhigen, natürlichen Verlauf, der geprägt ist von den ehemaligen Gerberhäusern mit ihren charakteristischen Laubengängen. Davor befindet sich eine Gondelanlegestelle, erkennbar an den rot-weiß gestreiften Pfosten. Hier kann man sich verzaubern lassen bei einer Fahrt in einer original venezianischen Gondel. Ruhig gleitet sie über das Wasser und eröffnet eine völlig neue Sichtweise auf die Stadt. Doch auch zu Fuß, in Einklang mit dem Rauschen und der Stille des Wassers, findet man rund um das Alte Rathaus und den Geyerswörth immer wieder neue Einblicke, Ausblicke und Glücksmomente.

TIPP **Buchung einer individuellen Gondelfahrt unter www.gondel.info.**

Schloss Geyerswörth, Geyerswörthstraße 3a, 96047 Bamberg
ÖPNV: Bus 906, 910, 916, Haltestelle Am Kranen

Shopping im Café

11 *Portugiesisches Café Zuckerstück*

Das „Zuckerstück“ ist ein außergewöhnliches Ladencafé mit einem unvergleichlichen Ambiente! Im Innenraum mischen sich zwischen das Interieur viele Dinge, die man käuflich erwerben kann. So findet man stilvolle Wohnaccessoires, schöne Ledertaschen, ausgefallenen Schmuck und überraschende Geschenkideen. Ein Ladencafé ist eine noch junge Geschäftsidee, eine Kombination aus Café und Laden, ein Seelenschmeichler bestehend aus Kaffee, Kuchen und Store. Immer auf der Suche nach etwas Besonderem werden alte Dinge von Trödelmärkten zusammengetragen und liebevoll restauriert, und neue Dinge kommen von den Trendmessen der Zeit. Daraus entsteht ein außergewöhnlicher Mix aus Einzelstücken und Raritäten, und in allem zusammen zeigt sich die Leidenschaft der Ladenbesitzerin. Das Zuckerstück befindet sich in einem denkmalgeschützten Gebäude in der belebten Sandstraße, dessen Kern in das Hochmittelalter zurückreicht, die Fassade wurde aber erst im 18. Jahrhundert vorgeblendet. Genießen kann man, sowohl drinnen als auch draußen, portugiesisch! Hier gibt es den berühmten „Galão“, eine portugiesische Variante des Milchkaffees mit einer eigens für das Café gerösteten Spezialbohnenmischung, perfekt abgestimmt auf die Zubereitung. Ein besonderer Energiekick ist ein „Flat White“, ein doppelter Espresso mit einer aufgeschäumten flachen Milchschicht. Passend dazu gibt es die süßen Verführungen, die „Sobremesas“, wie das portugiesische „Pastéis de Nata“, ein Blätterteigtörtchen mit Pudding, oder eine portugiesische Schokoladentarte. Wer es lieber deftig mag, greift zu den „Petiscos“, den herzhaften Kleinigkeiten, hierzu gehört das „Pastéis de frango“, eine Hühnerpastete. Es gibt aber auch Neukreationen als Hommage an die Bierstadt Bamberg wie den original Bamberger Schwarzbier-Kuchen und die Bier-Muffins. Kuchen, mal süß mal herzhaft, nach Großmutters Rezepten sind ein weiteres Markenzeichen des Ladencafés Zuckerstück. Und man kann beim Backen sogar zuschauen.

Zuckerstück – Schönes Zeug & Café Portuguès, Obere Sandstraße 4, 96049 Bamberg
www.zuckerstueck.net
ÖPNV: Bus 906, 910, 916, Haltestelle Am Kranen

Die Seele baumeln lassen

12 *Seerosen im Hainweiher*

Die ausgedehnte Parkanlage des Hains bietet Erholung zu jeder Jahreszeit und überrascht mit immer neuen Glücksorten. Anfang des 19. Jahrhunderts, als der ehemalige Auwald in einen Landschaftspark umgewandelt wurde, regulierte man die Regnitz. Bedingt durch diese Maßnahme verblieben zahlreiche Altwässer. Bereits 1893 pachtete der Verkehrs- und Verschönerungsverein den sogenannten „Schwanenweiher", der fortan als Biotop geschützte Brutstätten für Vögel bieten sollte. Im Winter war der zugefrorene Weiher ein beliebter Treffpunkt zum Schlittschuhlaufen. Ab 1933 erfolgte unter dem damaligen Gartenamtsleiter Victor Luster der Umbau zum Hainweiher in seiner heutigen Gestalt. Es wurde eine künstliche Insel angelegt sowie Sumpf- und Wasserpflanzen gesetzt. Daran kann sich der Besucher heute noch auf dem Weg rund um den Weiher erfreuen. Zahlreiche Seerosen bedecken eine große Fläche des Wassers mit den stehenden großen Blüten in den Sommermonaten von Juni bis September. Durch seine Weitläufigkeit bietet der Rundweg eine Oase der Ruhe, und durch die Vielfalt an Schilfgewächsen eröffnen sich immer wieder neue Blicke auf diesen Glücksort. Auf den zahlreichen Ruhebänken ringsum kann man einfach die Seele baumeln lassen. Manchmal hört man in der Ferne die meditativen Klänge des Hang, eine mit der Hand gespielte Trommel, die in jüngerer Zeit in Mode gekommen ist. Nur wenige Schritte entfernt befindet sich ein weiteres Kleinod, der Botanische Garten. Ursprünglich in den 1920er-Jahren als Arzneimittel-, Kräuter- und Lehrgarten angelegt, ist der Botanische Garten nach einer aufwendigen Restaurierung fast wieder in seinem einstigen Zustand erlebbar. Prachtvolle Beete, thematisch gegliedert, illustrieren den Verlauf der Jahreszeiten. So befindet sich ein farbenfroh blühender Bauerngarten neben prachtvollen Staudenbeeten mit einer Vielfalt an Blattwerk. Im schattigen Bereich schließen Funkien, Farne und Hortensien den Botanischen Garten wiederum zum Hainweiher hin ab. Ein ruhiger Ort für eine glückliche Auszeit.

TIPP Nicht verpassen sollte man die Blumenrondelle an einem Seitenweg des Botanischen Gartens.

Botanischer Garten, Mühlwörth 21, 96047 Bamberg
www.hainapp.de
ÖPNV: Bus 909, Haltestelle Willy-Löhe-Heim, Fußweg 5 Minuten

Ein Cocktail am Meer

13 *Obermaintherme in Bad Staffelstein*

Glück hat eine Formel und sie lautet H_2O + 12/52°, das bedeutet, mit einer Mineralisierung von 12 Prozent und einer Temperatur von 52 Grad sprudelt das Heilwasser in Bayerns wärmster und stärkster Thermalsole aus der Erde. Diese Glücksformel verspricht Entspannung und Vitalisierung zugleich, in den vier Bereichen Thermenmeer, Saunalandschaft, Wellnessbereich und Therapie, ergänzt durch ein Vita-Restaurant mit Außenterrasse. Die Thermenlandschaft bietet drinnen Abwechslung vom Erlebnisbecken bis zum Whirlpool und draußen vom Aktivbecken bis zur Kneippanlage. Fast schwerelos kann man sich bei einer Temperatur von 36 Grad im Solebecken treiben lassen. Die hohe Salzkonzentration hält den Körper an der Wasseroberfläche und hilft wirksam gegen Stress und Erschöpfung, ist wohltuend für die Haut und gesundheitsfördernd für Wirbelsäule und Gelenke. Dazwischen gönnt man sich einen Cocktail an der Meerbar mal prickelnd-fruchtig oder sahnig-soft, mal sinnlich-süß oder kräftig-herb. Die Vielfalt verführt immer wieder mit neuen Kreationen wie zum Beispiel dem Teqrotonic, einem Tequila mit Rosensirup, Tonic und Rosenblütenblättern, oder dem Lavendel Sour garniert mit Lavendelzweigen. In einem öffentlich ausgeschriebenen Cocktailwettbewerb wird regelmäßig nach der originellsten und schmackhaftesten Sommerkreation gesucht. Die Saunalandschaft bietet eine Vielfalt an Themensaunen zur Auswahl. Danach kann man eintauchen in einen Naturbadesee zwischen Schilf und Seerosen oder sich im luxuriösen Ruhebereich entspannen. Wellness- und Massageangebote mit der hauseigenen Pflegeserie, wiederum mit der Glücksformel „12/52°", runden das Rundumwohlfühlprogramm ab. Wie fühlt sich eine Schokolade-Sole-Massage an? Es ist eine Rückenmassage mit Bad Staffelsteiner Sole, feiner Zartbitterschokolade der Confiserie Storath und pflegenden Körperölen. Eine Massage mit Schokoladenduft und zum Anbeißen gut! Ein Tag am Meer, ein Glücksort für Körper, Geist und Seele.

TIPP Den Tag kann man ausklingen lassen mit einem Spaziergang durch den Kurpark Bad Staffelstein.

Obermaintherme, Am Kurpark 1, 96231 Bad Staffelstein
www.obermaintherme.de
ÖPNV: RE, Haltestelle Bad Staffelstein

Augenschmaus

14 *la Tortissima*

Maria Theresia Worch schöpft feinste Kreationen aus Marzipan, Schokolade und Oblaten. Beeinflusst von ihrem Beruf als Textilrestauratorin geht sie mit Kreativität und viel Humor ans Werk. Ihre Grundlage ist die Marzipanrohmasse. Diese besteht zur Hälfte aus Puderzucker, unter Beigabe von Gewürzen wie Salz und Kardamom. Hinzu kommen die Bittermandeln als entscheidender Geschmacksträger, und alles zusammen wird mit Rosenwasser verknetet, danach gewalzt und etwas geröstet. Bei der Verarbeitung fügt die Künstlerin noch Puderzucker zur Marzipanrohmasse, damit sich die Einzelteile besser formen lassen. Marzipan ist ein ideales Arbeitsmaterial für bildnerische Arbeiten, alles wird genau ausmodelliert, die Ansätze und Übergänge fein säuberlich verstrichen. Die Themen sind vielfältig. So findet man Mythologisches, Märchenhaftes, Festliches und Musikalisches, aber auch Humorvolles wie der „Raub der Schlawinerinnen", „Kinis Schwanengesang" oder „Goethen in der Schlampagna". Von der Einzelfigur bis zu großen Gesamtkompositionen wie der Kölner Krippe mit dem Kölner Dreigestirn oder den Bamberger Symphonikern bei einem Gastspiel in München mit der Sopranistin Montserrat Caballé, alles ist handgefertigt aus Marzipan. Theresia Worchs große Objekte wurden schon einmal in einer Ausstellung im Schokoladenmuseum in Köln gezeigt und sind im MoMA in New York zu sehen. Eines haben alle Figuren gemeinsam: die Vorliebe für Körperlichkeit und barocke Körperfülle. Aber auch die berühmteste Skulptur des Bamberger Domes hat hier ihr weibliches Pendant gefunden, die Bamberger Reiterin. Ein Pferdchen aus Schokolade, die Reiterin aus Marzipan, das Kleidchen aus Oblaten, die Haare aus fein gespritzter Schokolade. Im Laden kann man bereits gefertigte Figuren kaufen oder Figürliches nach eigenen Wünschen bestellen. In la Tortissima findet man Meisterhaftes aus vergänglichen Materialien zum Sehen, Riechen, Tasten, Schmecken. Ein sinnlicher Genuss!

la Tortissima, Untere Königstraße 16, 96052 Bamberg
www.latortissima.de
ÖPNV: alle Linien, Haltestelle: ZOB, Promenade

Paradies auf Erden

15 *Terrassengärten am Michelsberg*

Eines der weithin sichtbaren Wahrzeichen der Stadt ist der Michelsberg mit seinen Terrassengärten.

Über Jahrhunderte haben Benediktinermönche die steilen Hänge kenntnisreich bewirtschaftet, und die Gartenanlagen zeugen noch heute von der Pracht und dem Reichtum vergangener Tage. Die der Stadt zugewandte Hanglage wurde entsprechend des Dreiklangs von Obstanbau, barocker Repräsentation und Weinbau angelegt. Die historischen Streuobstwiesen erstrecken sich von der Aufseßgasse bis zum Reuthersberg. Einige Obstgehölze sind bis zu 250 Jahre alt und der vorhandene Baumbestand wurde durch alte Sorten ergänzt. Mit steigendem Repräsentationsbedürfnis gestaltete man im 18. Jahrhundert den mittleren Teil der Terrassengärten entsprechend des Zeitgeschmacks um. Ein mittig angeordnetes Brunnenbecken mit einem wasserspeienden Delphin wird flankiert von zwei Rokokopavillons. Der Weg ist gesäumt von Bäumchen der gelb blühenden Kornelkirsche, die durch ihr reiches Wurzelwerk zur Stabilisierung des Hanges beitragen. Durch die barocke Neugestaltung gelangt man durch das Untergeschoss des nördlichen Pavillons zu den Streuobstwiesen am Reuthersberg. Die sonnige Südseite war von jeher dem Weinbau vorbehalten. Diese Tradition wird seit einigen Jahren wieder gepflegt und Silvaner nach ökologischen Richtlinien angebaut. Prall, hellgrün und zuckersüß hängen im Spätsommer die Trauben an den Reben, deren gekelterter Ertrag in einen typisch fränkischen Bocksbeutel abgefüllt wird. Steile Treppen führen auf das obere Plateau der imposanten Gartenanlage. Dort findet man an heißen Sommertagen unter dem Blätterdach der zweireihigen Lindenallee einen schattigen Ort. Von den verschiedenen Ebenen des Terrassengartens hat man herrliche Ausblicke auf die Dächer der Welterbe-Stadt, eingebettet in die Landschaft zwischen dem Steigerwald und der Fränkischen Schweiz. Zahlreiche Sitzgelegenheiten laden zu Mußestunden ein.

TIPP Stiftsladen und Informationszentrum zur Geschichte des ehemaligen Klosters im Innenhof.

Terrassengärten, Michelsberg 10, 96049 Bamberg
ÖPNV: 910, Haltestelle Elisabethenstraße oder Michelsberg

Auf Schatzsuche

16 *Antik- und Trödelmarkt*

Jährlich am 3. Oktober zieht es Flohmarktliebhaber von nah und fern zu einem der schönsten Antik- und Trödelmärkte der Region. Der Markt erstreckt sich quer durch die Fußgängerzone vom Grünen Markt bis zum Maxplatz, unter Einbeziehung weiterer Nebenstraßen. Die Attraktivität des Marktes hat sich mittlerweile weit herumgesprochen. Insgesamt 350 Händler aus Deutschland und den europäischen Nachbarländern bieten ihre Schätze an. Ebenso international sind die Besucherinnen und Besucher, die an den üppig beladenen Tischen vorbeiziehen. Es sind das Flair der Welterbe-Stadt und das ausgewählte, hochwertige Warenangebot, die diesen Markt so anziehend machen. Die Auswahl besteht aus einer guten Mischung bezahlbarer Dinge bis zu außergewöhnlichen Sammlerstücken im oberen Preissegment. Dann geht es auf zum Bummeln und Stöbern! Vertrautes neu entdecken! Kindheitserinnerungen werden geweckt oder man findet vielleicht das Stück, nach dem man schon lange gesucht hat. Und Kenner wissen: Wer früh kommt, hat die besten Chancen. Das Warenangebot reicht von Porzellanservice und Kristallgläsern über Tafelsilber und silberne Kerzenleuchter bis hin zu Spitzendecken mit den dazu passenden Servietten. Waschbrett und Bügeleisen stehen neben Wannen und Eimern. Sammler von altem Spielzeug können in einem reichhaltigen Angebot an Porzellanpuppen und Puppenwägen, Kaufläden mit Zubehör und einer unendlichen Vielfalt an Blechspielzeug ihre Sammlung ergänzen. Ebenso kommen Liebhaber antiquarischer Bücher und Musiknoten bis hin zu Grammophonen und alten Schellackplatten auf ihre Kosten. Als zusätzlicher, kostenfreier Service kann jeder seine Einkäufe von einem kompetenten und erfahrenen Sachverständigen begutachten lassen, um ganz sicher zu sein, die richtige Wahl getroffen zu haben. Und das Beste zum Schluss: Der Reinerlös des Marktes kommt ausschließlich gemeinnützigen Zwecken zugute. So macht der Antikmarkt an einem Tag viele Menschen glücklich.

Antikmarkt, Fußgängerzone, 96047 Bamberg
www.antikmarkt-bamberg.de
ÖPNV: alle Linien, Haltestelle ZOB

Inh. Artur Moll

Hausgeschichten

17 *Ahörnla, Ringvogelhaus und Schlenkerla*

Wenn man durch die Gassen der Altstadt schlendert, kann man sich treiben lassen und immer wieder Neues entdecken. Straßennamen und Hausnummern, wie wir sie heute kennen, sind erst seit Anfang des 19. Jahrhunderts geläufig, davor orientierte man sich an Hausnamen. Sie entstanden im Hochmittelalter aus der Notwendigkeit heraus, ein Gebäude oder Anwesen eindeutig zu benennen, um Besitz, Lehen und Besteuerung zuordnen zu können. Die Wirtshausausleger, Hauszeichen und Wappen sind Fenster in die Vergangenheit und laden zu einer Spurensuche durch die Stadt ein. Der Name „Ahörnla" (Obere Sandstraße 24) bezieht sich nicht auf den gleichlautenden Baum, sondern ist die Dialektform für ein Einhorn, das auch im Ausleger abgebildet ist. Die Endung „la" ist die typische Verkleinerung im einheimischen Dialekt. Der Name wurde bereits im 15. Jahrhundert erstmals belegt, und das Anwesen befand sich über Jahrhunderte im Besitz von Büttnern und Bierbrauern. Das „Ringvogelhaus" (Pfahlplätzchen 4) hat seinen Namen durch die Zusammenlegung zweier Anwesen erhalten, das „Haus zum goldenen Ring" und das „Haus zum Vogel", und beide Namen vereinen sich auch im Ausleger. Im Wirtshausausleger der Traditionsbrauerei „Schlenkerla" (Dominikanerstraße 6) vereinen sich gleich drei Namen. Im Lorbeerkranz findet man eine Darstellung des früheren Brauereibesitzers Andreas Graser, der durch seinen schlenkernden Gang oder vielleicht schlenkernde Arme, das kann man heute nicht mehr eindeutig belegen, mit seinem Spitznamen der Brauerei und dem Bier den heutigen Namen gab. Darüber befindet sich die Silhouette eines blauen Löwen als Hinweis auf den ursprünglichen Hausnamen. An der Spitze des Auslegers hängt ein Hexagramm, der Brauereistern und das Zunftzeichen der Brauer und Mälzer. An den unteren Spitzen hängen drei Heller, eine frühere Münze, die auf den Namen Heller-Bräu hinweisen. So erzählt jedes Haus in der Altstadt seine ganz eigene Geschichte.

TIPP An vielen Gebäuden findet man Hinweistafeln zur Hausgeschichte.

Altstadt, 96049 Bamberg
ÖPNV: alle Linien, Haltestelle ZOB

Schlenkerla
1405

Burgenromantik

18 *Giechburg bei Scheßlitz*

Die imposante Burgruine der Giechburg liegt weithin sichtbar auf einem Höhenzug am Rande der nördlichen Fränkischen Schweiz. Die Ursprünge der Burganlage gehen bis in das 10. Jahrhundert zurück, und nach einer wechselvollen Geschichte fiel die Burg 1390 an den Bischof von Bamberg und diente als Befestigungsanlage des Hochstifts. Als schließlich die Festungen Kronach im Norden und Forchheim im Süden die Funktion der Sicherung des Fürstbistums übernahmen, wurde die Giechburg, mittlerweile als Renaissanceschloss ausgebaut, Verwaltungssitz und Standort der jährlichen Jagdausflüge der Fürstbischöfe. Von der einst mächtigen Anlage sind heute nur noch die Burgruine und der imposante Bergfried erhalten. Die Burganlage befindet sich im Besitz des Landkreises Bamberg, und dank der herrlichen Lage ist sie ein beliebtes Ausflugsziel mit Gastronomie und vielfältigen kulturellen Veranstaltungen. Mehrmals im Jahr finden im Bergfried Kunstausstellungen statt, dann hat man die Möglichkeit, den 24 Meter hohen Turm zu besteigen. Auch das Kulinarische kommt nicht zu kurz und man kann sich in der Gaststätte sowohl drinnen mit herrlicher Fensteraussicht als auch draußen im Innenhof mit fränkischer Küche kulinarisch verwöhnen lassen. Auf 520 Höhenmetern hat man bei gutem Wetter einen traumhaften Panoramablick, der sich vom Tal der Regnitz bei Bamberg über die nördliche Fränkische Schweiz bis in den Thüringer Wald erstreckt. Durch die ruhige Höhenlage ist die Giechburg ein hervorragender Ort zum Niederlassen und Entspannen, aber auch ein idealer Ausgangsort für Wanderungen in die Umgebung. Ein wunderschöner Höhenweg führt bis zu der auf einem Felsen gelegenen Wallfahrtskirche St. Pankratius auf dem Gügel. Lohnenswert ist auch ein Ausflug in das nahe gelegene Scheßlitz, einem ehemaligen Amtssitz des Hochstifts Bamberg, das mit seinem geschlossenen historischen Stadtbild reich an Fachwerkhäusern und repräsentativer barocker Architektur ist.

TIPP Von Bamberg aus ist die Giechburg bei gutem Wetter aus dem Rosengarten der Neuen Residenz zu sehen.

Giechburg, 96110 Scheßlitz
ÖPNV: Bus 963

Glück und Weisheit

19 *Unter dem Blauglockenbaum am Pfahlplätzchen*

Der Blauglockenbaum oder Kaiser-Paulownie gilt mit seinen schönen blau-violetten Blüten und mit Stolz anmutenden Rispen als Glücksbringer. Einer chinesischen Sage nach lässt sich der mythische Vogel Phönix nur im Blauglockenbaum nieder und segnet den Besitzer des Baumes mit Glück, Weisheit und Gesundheit. Der Würzburger Arzt und Japanologe Philipp Franz von Siebold führte den Baum im 19. Jahrhundert in Deutschland ein und benannte ihn nach der Großfürstin Anna Paulowna, Tochter des russischen Zaren Paul I. und spätere Gattin von König Wilhelm II. von Oranien-Nassau. Einer dieser wunderbaren Bäume hat am Pfahlplätzchen seinen Standort gefunden. Hier kann er als Solitär seine schöne breite Krone frei entfalten. Nur wenige Wochen von Ende April bis Ende Mai verzaubert er mit seinem üppig-blauvioletten Blütenmeer. Erst mit dem Verblühen wachsen die großen hellgrünen Blätter, und so findet man in den Sommermonaten einen schattigen Sitzplatz unter seinem Blätterdach. Das Pfahlplätzchen ist ein geschichtsträchtiger Ort, dessen Besiedlung bis in das Hochmittlalter zurückreicht. Die umliegenden Gebäude sind mittelalterlichen Ursprungs und wurden im 18. Jahrhundert prachtvoll barockisiert. Im Haus zum Krebs wohnte Anfang des 19. Jahrhunderts der Philosoph Georg Friedrich Wilhelm Hegel als Redakteur der Bamberger Zeitung. Heute prägen kleine Läden und Gastronomie, mit viel Platz im Außenbereich, den überschaubaren Platz. Das „MorgenMahl – der Deli Place-to-be" ist ein Trendlokal mit kreativem Ambiente und Wohlfühlcharakter. Ebenso kreativ ist die Speisekarte. Hier findet man Foodtrends wie Stullen und Bowls. Schräg gegenüber befindet sich das italienische Spezialitätenlokal Little Italy mit einer gelungenen Mischung italienischer Küche und den kulinarischen Einflüssen des New Yorker Stadtteils Little Italy, der dem Lokal seinen Namen gab.

TIPP Zwei weitere Blauglockenbäume findet man an der Promenade vor dem Rathaus am ZOB.

Blauglockenbaum, Judenstraße 1, Pfahlplätzchen 1-6, 96049 Bamberg
ÖPNV: 901, 908, 912, Haltestelle Schranne

Ganz großes Kino

20 *Odeon und Lichtspiel*

Das großzügige Foyer mit der farbenfroh gestalteten Innenarchitektur vermittelt etwas vom Flair Hollywoods. In der Luft hängt der Geruch von Popcorn, der untrennbar mit einem Kinobesuch verbunden ist. An der Theke bekommt man neben Popcorn auch alles andere, was einen perfekten Kinobesuch abrundet. Sitzgelegenheiten für die Zeit vor und nach dem Film findet man drinnen, aber auch draußen im mediterran gestalteten Innenhof. Das Filmhaus befindet sich in einem gründerzeitlichen Gebäude aus dem Jahr 1879, das auf eine lange Kinogeschichte zurückblicken kann. Unter dem klassischen Namen Odeon werden in einem sorgfältig zusammengestellten Programm aktuelle Filmproduktionen gezeigt. In den Sommermonaten geht es unter dem Motto „Kino unterm Sternenmantel“ zu Spielorten ins Freie, wie zum Beispiel in den Innenhof des Internats Aufseesianum, in dem ebenfalls Filmgeschichte geschrieben wurde. Im Jahr 1973 wurde hier der Filmklassiker „Das fliegende Klassenzimmer“ nach dem gleichnamigen Roman von Erich Kästner gedreht. Heute bietet der Innenhof in lauen Sommernächten einen stimmungsvollen Ort für ein Open-Air-Kinoerlebnis unter freiem Himmel. Die zweite Location ist das kleine Programmkino Lichtspiel, mehrfach ausgezeichnet und mittlerweile einer der kulturellen Mittelpunkte der Stadt. Gezeigt werden außergewöhnliche Spielfilme, Regionales und Fremdsprachiges, Musik- und Dokumentarfilme ergänzt mit themenbezogenen Veranstaltungen. Das jährliche Highlight im Januar sind die Bamberger Kurzfilmtage, ein Festival des deutschsprachigen Kurzfilms, mit wechselnden Veranstaltungsorten. Im Wettbewerb stehen verschiedene Œuvres vom Dokumentar- über den Animations- bis zum Experimental- und Kinderfilm. Ausgelobt ist der begehrte Filmpreis „Bamberger Reiter“, der in sieben Kategorien vergeben wird. Odeon und Lichtspiel bieten eine Vielzahl an Glücksorten für Kinoliebhaberinnen und Kinoliebhaber.

Odeon, Luitpoldstraße 25, 96052 Bamberg
Lichtspiel, Untere Königstraße 34, 96052 Bamberg
www.lichtspielkino.de
ÖPNV: Bus 901, 902, 907, 911, 914, 931, Haltestelle Luitpoldstraße

DER
BOANDLKRAM

Zaubergarten der Fantasie

21 *E.T.A.-Hoffmann-Museum*

Unter der prachtvollen Magnolie am Schillerplatz verweist eine Fahne mit einem Porträt von E. T. A. Hoffmann auf das gleichnamige Museum schräg gegenüber. In dem schmalen Häuschen bewohnte der Komponist, Maler und Dichter in den Jahren 1809–1813 zusammen mit seiner Frau Mischa die zweite Etage und das Dachgeschoß mit dem sogenannten Poetenstübchen. Betritt man das Haus, gelangt man gleich links in das völlig abgedunkelte Spiegelkabinett mit einer Inszenierung verschiedener Porträts, die sich überlagern und in die der Betrachter mit einbezogen wird. Der Raum ist zugleich Auftakt und Einstieg in die verschiedenen Schaffensbereiche des Universalgenies. Auf drei Etagen vermittelt das Museum in visuellen und akustischen Eindrücken sein Leben und Werk mit dem besonderen Augenmerk auf die Bamberger Jahre. Geht man jedoch im Erdgeschoss den schmalen Gang bis zum Ende durch, erreicht man eine Gitterpforte mit einer listig züngelnden Schlange. Sie ist der Eingang zum dahinterliegenden Zaubergarten, inspiriert vom Garten des Archivarius Lindhorst aus dem „Goldenen Topf", aus der fantastisch-märchenhaften Welt des E. T. A. Hoffmann. Der Garten und die Bepflanzung nehmen in ihren Motiven und Zitaten immer wieder Bezug auf sein literarisches Schaffen, und seine fantasievollen Geschichten werden mit Pflanzen und Skulpturen sinnlich erfahrbar gemacht. So findet man Bögen, die von Rosen und Knöterich umrankt sind, und an Spalieren emporrankende Apfelbäumchen. Der mit Sandsteinplatten belegte Pfad schlängelt sich durch einen Laubengang aus gewölbten Hainbuchen, durch eine Rundlaube, bis man am Ende des Gartens zu einer kleinen Wiesenlichtung zwischen Holunder, Bambus und Liguster gelangt, wo ein Teich mit der Figur der Undine auf Entdeckung wartet. Auch wenn man das Werk von E. T. A. Hoffmann nicht kennt, ist der Garten verwunschen und zauberhaft, je nach Jahreszeit mal mehr oder weniger zugewachsen, und vielleicht bekommt man ja Lust auf die Lektüre der romantischen Werke E. T. A. Hoffmanns.

TIPP Vor dem Theater steht die Bronzeplastik E. T. A. Hoffmanns mit Kater Murr von Reinhard Klesse.

E.T.A.-Hoffmann-Museum, Schillerplatz 26, 96047 Bamberg
www.etahg.de
ÖPNV: 901, 908, 912, Haltestelle Schillerplatz

Glanz des Barocks

22 *Schloss Weißenstein in Pommersfelden*

Nähert man sich Pommersfelden, so erhebt sich der imposante Schlossbau majestätisch aus der sanft hügeligen Landschaft am Rande des Steigerwaldes. Schloss Weißenstein zählt zu den bedeutendsten Bauwerken des fränkischen Barocks und gilt als ein Baudenkmal europäischen Ranges. Es war eine stattliche Summe, die Lothar Franz von Schönborn, Fürstbischof von Bamberg und Kurfürst von Mainz, für die Unterstützung der Kaiserwahl Karl VI. erhalten hatte. Er war sicher einer der einflussreichsten Persönlichkeiten seiner Zeit, und sein Selbstbewusstsein als barocker Fürst zeigte sich in seinen Bauvorhaben. Den privaten Schlossneubau konnte er mit dem Geld aus der kaiserlichen Schatulle 1711 beginnen und in nur sieben Jahren vollenden. Verantwortlich hierfür war der Hofbaumeister Johann Dientzenhofer mit Unterstützung des Wiener Hofbaumeisters Johann Lukas von Hildebrandt. Um das Innere zu besichtigen, lohnt sich eine der regelmäßigen Schlossführungen. Zentrales Bauelement ist die Innentreppe als Ort des höfischen Empfangs und zugleich eines der prachtvollsten Treppenhäuser des Barocks. Ebenfalls eindrucksvoll ist der aufwendig als Muschelgrotte ausgestaltete Gartensaal mit einem einzigartigen Schmuck an Glas, Muscheln und Tuffstein. Der ursprüngliche Barockgarten wurde Ende des 18. Jahrhunderts in einen englischen Landschaftspark umgewandelt und kann tagsüber durch eine Gitterpforte betreten werden. In den Sommermonaten hört man Musik aus allen Ecken und Winkeln des Schlosshofes. Während einer vierwöchigen Musikakademie haben junge Musikerinnen und Musiker aus aller Welt die Möglichkeit, im Rahmen des „Collegium Musicum" im Schloss miteinander zu leben und zu musizieren. In einem abwechslungsreichen Veranstaltungsprogramm präsentieren sie ihre erarbeiteten Orchester- und Kammermusikprogramme dem Publikum. Absoluter Höhepunkt ist das Open-Air-Konzert im Ehrenhof mit einem Barockfeuerwerk. Ein Kunstgenuss mit allen Sinnen!

TIPP Die Barock Lounge im Marstallgebäude bietet feinsten Wiener Kaffeehaus-Charme.

Schloss Weißenstein, Am Schloß 1, 96178 Pommersfelden
www.schoenborn.de
ÖPNV: 978, 983, Haltestelle Schloss Weissenstein

Idyllische Lage

23 *Schleusenwärterhäuschen am Mühlwörth*

Ein Häuschen, ein Garten, eine Schleuse, bezaubernd gelegen am Uferweg des Alten Kanals. Was wir heute als idyllisch empfinden, ist ein Industriedenkmal des 19. Jahrhunderts. Auf Veranlassung des bayerischen Königs Ludwig I. wurde der Ludwig-Donau-Main-Kanal auf 173 Kilometern zwischen der Donau bei Kehlheim und dem Main bei Bamberg gebaut. Der Kanal sollte Teil einer schiffbaren Verbindung zwischen der Nordsee und dem Schwarzen Meer werden. Der Bau des Prestigeobjektes bedeutete damals eine große technische Herausforderung. Während das Leben mit fortschreitender Industrialisierung an Tempo zunahm, zogen die Treidelpferde noch immer ihre geruhsame Bahn am Kanal entlang, und die Schiffe mussten auf der Strecke 100 Schleusen mit einem Höhenunterschied von 264 Metern überwinden. Von der Schleuse führte der Kanal in seinem letzten Teilstück zum Zielhafen am Nonnengraben. Heute hat der Kanal ausgedient und ist bereits seit Jahrzehnten stillgelegt. Erhalten geblieben ist jedoch die voll funktionsfähige Schleuse mit der Nummer 100 mit der tonnenschweren Zugbrücke und die Schleusenkammer mit den acht Meter hohen Schleusentoren aus Eichenholz. Alles muss nach wie vor mit einer Kurbel per Hand betrieben werden, um den Weg für die Schiffe freizugeben. Doch dieses Schauspiel ist heute selten geworden, da nur noch gelegentlich Sport- oder Freizeitboote die Schleuse passieren. Erhalten geblieben ist das Schleusenwärterhäuschen, der mit Obstbäumen bepflanzte Garten mit dem alten Waschhaus und der kleinen hölzernen Gartenlaube. Um diesen beschaulichen Stadtraum erfahrbar zu machen, wurde vor einigen Jahren das zuvor geschlossene Grundstück geöffnet und ein Uferweg angelegt. Er ermöglicht nun einen durchgängigen Spaziergang zwischen Schloss Geyerswörth und der Schleuse 100. Der Weg ist zugleich Teilstück eines grünen Bandes von der nördlichen Inselspitze mit dem Erba-Park bis zur südlichen Inselspitze mit dem Bürgerpark Hain.

Schleusenwärterhäuschen, Mühlwörth 15, 96047 Bamberg
ÖPNV: Bus 901, 908, 912, 918, Haltestelle Schillerplatz, Fußweg 10 Minuten

Auf poetischen Spuren

24 *Literarischer Hainspaziergang*

„Dies ist ein Herbsttag, wie ich keinen sah“ (Friedrich Hebbel). Mit Lyrik von Joseph von Eichendorff bis Rainer Maria Rilke kann man auf poetischen Spuren der Schönheit und der Melancholie des Herbstes in der ausgedehnten Parkanlage des Hains nachspüren. Der Rezitator Martin Neubauer beglückt seine Zuhörerinnen und Zuhörer in seinen literarischen Hainspaziergängen mit Gedichten, kleiner Prosa und Theaterszenen zu jeder Jahreszeit. So dreht sich im Februar alles um die Schneeglöckchen, zu Ostern hält der Frühling seinen Einzug, um den Johannistag geht es zur poetischen Glühwürmchensuche, den Gedichten zur Sommerfrische folgt wiederum die Poesie des Herbstes und des Winters. An den Zwischenterminen erheitern Geschichten und Szenen von Karl Valentin und Liesl Karlstadt. Rezitiert wird solo, aber auch in Begleitung von Schauspiel oder Gesang. Die Natur wird zur Theaterkulisse, das Ufer der Regnitz, die zahlreichen Tempelchen und die alten knorrigen Bäume werden zur Bühne. Und wenn gerade mal kein literarischer Hainspaziergang stattfindet, lohnt sich der Besuch der eigentlichen Spielstätte, des Brentano-Theaters in der Gartenstraße 7, einer malerischen Backsteinvilla der Jahrhundertwende, umgeben von einem romantischen Garten. Darin bietet die nicht kommerzielle Wohnzimmerbühne gerade mal Platz für 28 Zuschauer. Der wechselnde Spielplan ist geprägt vom Geist der Romantik, und so stehen neben den Werken von Clemens Brentano auch Rezitationen, Lesungen und Neuinszenierungen von vergessenen Dichtern auf dem Spielplan. Eine rechtzeitige Voranmeldung ist aufgrund der geringen Platzkapazität unbedingt erforderlich. Und um die Frage der Kosten zu beantworten, so folgt das Liebhabertheaterchen ganz der Idee des Romantikers Clemens Brentano mit einem „Eintritt nach Belieben“. Ein wahrer Glücksort für alle Theater- und Literaturliebhaber.

Literarischer Hainspaziergang
Treffpunkt: Bootshaus, Mühlwörth 18 a, 96047 Bamberg
www.martin-neubauer.de
ÖPNV: Bus 909, Ottostraße

Im Schatten des Ginkgos

25 *Der Vordere und der Hintere Bach*

Wenn man vom Domplatz die stille Gasse Vorderer Bach hinuntergeht, ragt über einer hohen Mauer ein mächtiger Ginkgo auf. 1824 ließ der damalige Besitzer, der Tabakhändler Franz Heinrich Thorbecke, den Garten neu anlegen, und in dieser Zeit wurde der Baum vermutlich gepflanzt. Er war ein großer Gartenliebhaber und sein Interesse galt ebenso der Zucht exotischer Pflanzen. Der ursprünglich aus China stammende Ginkgo ist der einzige Vertreter einer ansonsten ausgestorbenen Gattung, der Sintfluten und Eiszeiten überlebt hat. In Deutschland erwachte die Begeisterung für den Ginkgobaum im 18. Jahrhundert, als die Vorliebe für exotische Pflanzen in Mode kam. Das fächerförmige Blatt hat Johann Wolfgang von Goethe zu einem Liebesgedicht inspiriert, das wesentlich zu Bekanntheit und Verbreitung des Baumes beitrug. Im Herbst verfärben sich die Blätter des Ginkgos in ein leuchtendes Goldgelb, dessen Strahlkraft sich gegen das Blau des Himmels noch zu verstärken scheint. Wenn er dann sein Laub verliert, ist die Straße übersät mit Ginkgoblättern, die weltweit ebenso eine vielschichtige Symbolkraft besitzen. Der Ginkgo markiert den Übergang vom Vorderen zum Hinteren Bach. Eine Sage erzählt vom einem Dombrand, bei dem das geschmolzene Glockenmetall diesen Bach bildete. Nachweislich bezieht sich der Name allerdings auf einen Wasserlauf, der in der Senke zwischen dem Domberg und dem Kaulberg verlief. In dem ehemals von fürstbischöflichen Vikaren und Hofbeamten bewohnten Straßenzug reihen sich heute farbenfroh restaurierte Wohnhäuser aneinander, in einer Spannbreite von ganz schlichter Ausführung bis hin zum prachtvollen ehemaligen Adelssitz. Vom Hinteren Bach führt schließlich eine steile Treppe hinauf zum Kaulberg zu der schon weithin sichtbaren Oberen Pfarre mit ihrem markanten Turmabschluss. Von der obersten Treppenstufe lohnt sich noch einmal der Blick zurück in die Gasse, überragt von den mächtigen Domtürmen.

Ginkgobaum, Vorderer Bach 8, 96049 Bamberg
www.apfelweibla.de/ginkgo.htm
ÖPNV: Bus 910, Haltestelle Domplatz

Lebendige Flechtkultur

26 *Korbstadt Lichtenfels*

Als Liebhaber alter Handwerkstechniken kann man in Lichtenfels sein Glück vielfältig erfahren. Zunächst lohnt sich eine Tour durch die zahlreichen Korbgeschäfte, die neben der fertigen Ware auch Material zum Flechten anbieten. Hier findet man ein reichhaltiges Angebot von Korbwaren aus heimischer und europäischer Herstellung von Einkaufs- bis Erntekörben, von Obstschalen bis zum Brotkorb und von dekorativen Weidekränzen bis hin zu Kunstobjekten. Möchte man etwas mehr über eine der ältesten handwerklichen Tätigkeiten erfahren, bietet der „Pfad der Flechtkultur“ neben lebendigen Flechtobjekten zahlreiche Informationstafeln zur Geschichte des Flechthandwerks und ihren Vertriebsformen, zum Grundmaterial Weide und zu den verschiedenen Flechttechniken. Der Erlebnisrundweg führt auf naturnahen Wegen durch die Mainauen von Lichtenfels bis zum Deutschen Korbmuseum in Michelau. Eine urfränkische Kunst ist das Krätzen-Machen. Das sind kleine stabile Körbchen, geflochten aus der gemeinen Waldrebe, auch Lima genannt. Sie eignen sich zum Beerensammeln ebenso wie zum Aufbewahren von Krimskrams. Höhepunkt des Korbflechterhandwerks ist das jährlich im September stattfindende Flecht-Kultur-Festival. Rund um die Stadtpfarrkirche zeigen professionelle Flechthandwerker einen repräsentativen Querschnitt durch die Flechtkulturen Europas. Zahlreiche Ausstellungen und ein Kunstprojekt mit ausgewählten Künstlern begleiten das Festival. Vor etwa 25 Jahren erschuf Waldemar Backert zum Korbmarkt den „kleinsten Korb der Welt“. Mit seinen acht Millimetern Durchmesser hält er den Rekord bis heute. Aber vielleicht möchte man auch gerne mal selbst Hand anlegen. Unter Anleitung professioneller Flechtwerkgestalter werden ganzjährig Flechtkurse und Workshops angeboten, in denen man das Handwerk in unterschiedlichsten Schwierigkeitsgraden erlernen kann. Und unter dem Titel „Flinke Fischchen“ kann man innerhalb nur einer Stunde maritime Tisch- und Fensterdekoration herstellen.

Marktplatz 1, 96215 Lichtenfels
www.lichtenfels.de
ÖPNV: RE, Station Lichtenfels

Hörnla und Seelenspitzen

27 *Bäckerei Seel*

Oberfranken ist eine Genussregion! Das kulinarische Erbe der Region wurde ebenso über Jahrhunderte von Geschichte und Brauchtum geprägt. In der Lugbank befindet sich die älteste Bäckerei der Stadt, deren erste urkundliche Erwähnung auf das Jahr 1427 zurückgeht. Ganz der Tradition verpflichtet, besteht das heutige Sortiment aus Backwaren, die auf historischen Rezepten basieren, aber auch aus vielen Neukreationen, die hier über Generationen entwickelt wurden. Die bekannteste Spezialität ist das Bamberger Hörnla mit seiner unverwechselbaren charakteristischen Sichelform und seinem unvergleichlich zarten Buttergeschmack, dessen Ersterwähnung ebenfalls im 15. Jahrhundert liegt. Es ähnelt dem Croissant, unterscheidet sich aber durch den höheren Krustenmantel, den butterfarbenen Krumen und die schlankere Form. Seelenspitzen werden ebenfalls aus einem Butterblätterteig gebacken, sie waren ursprünglich eine Dankesgabe für Seelen- und Fürbittengebete. Hier formt man den Teig in zwei Strängen zu kleinen Zöpfen. Heute kann man die Spezialitäten täglich frisch genießen, der hohe Butteranteil im Teig lassen Hörnla und Seelenspitzen verführerisch duften und sie schmecken einfach köstlich. Schmalzgebäcke mit ihrer unendlichen Vielfalt haben in der Region ebenfalls eine lange Tradition. Dazu gehören die ausgezogenen Krapfen, deren Ursprung möglicherweise auf die Klosterküchen zurückgeht. Damals und heute werden sie zu den verschiedenen kirchlichen Feierlichkeiten gebacken, wie zur Kirchweih, aber auch zu familiären Festlichkeiten. Täglich im Sortiment findet man die „Geschnittenen Hasen", ein in Schmalz oder Butterfett ausgebackenes Mürbeteiggebäck, dessen origineller Name sich nicht mehr ganz erschließen lässt. Der Teig wird mehrfach senkrecht eingeschnitten, die einzelnen Teigstränge miteinander verflochten, danach ausgebacken und mit Zucker bestreut. Nach diesen Erkenntnissen kann man sich eine Tüte voller Glück mit nach Hause nehmen.

TIPP Wer es lieber deftig mag, wird das Bamberger Rauchbierbrot lieben!

Bäckerei Seel, Lugbank 8 und Dominikanerstraße 8, 96049 Bamberg
www.baeckerei-seel.de
ÖPNV: Bus 901, 908, 912, Haltestelle Schranne

Bäckerei Seel
★ BAMBERGER HÖRNLA SEIT 1427 ★

Alles im Fluss

28 *Klein Venedig*

Die dicht gedrängten ehemaligen Fischerhäuser mit hölzernen Laubengängen und ihren Vorgärten sind ohne Zweifel eine der Hauptattraktionen Bambergs. Der Name Klein Venedig geht vermutlich auf den bayerischen König Maximilian II. Joseph zurück, der der malerischen Häuserzeile den romantisch anmutenden Namen verlieh. Die Häuser, deren älteste Teile bis in das 15. Jahrhundert zurückgehen, befinden sich zwischen dem ehemaligen Hafen „Am Kranen" und der Markusbrücke. Ursprünglich waren sie auf Pfählen gegründet, sodass die Fischer mit ihren Schelchen, den einfachen Fischerbooten, direkt zu ihren Fischkästen einfahren konnten. Die zum Fluss ausgerichteten Galerien dienten ursprünglich zum Trocknen und Reparieren der Fischernetze. Ab dem 19. Jahrhundert entstanden schließlich die zauberhaften kleinen Vorgärten. Die große Artenvielfalt an Fischen aus der Region findet man heute in der Gastronomie und am Samstag auf dem Bauernmarkt. Im August steht Klein Venedig ganz im Mittelpunkt des traditionellen Volksfestes, der „Sandkerwa", dessen Ursprung auf die Kirchweihfeier von St. Elisabeth im Sand zurückgeht. Bei Dunkelheit verleihen die festlich illuminierten Fischerhäuser und Fischerboote dem Volksfest sein einzigartiges Flair und sind Anziehungspunkte für Gäste aus nah und fern. Absoluter Höhepunkt ist am Sonntag das historische Fischerstechen, ein traditioneller Wettkampf, dessen Ursprung ebenfalls bis in das 15. Jahrhundert zurückreicht. Vor der Kulisse von Klein Venedig stehen sich die beiden Kontrahenten auf Schelchen gegenüber und versuchen, sich gegenseitig mit einer Lanze ins Wasser zu stoßen. Wer am längsten standhaft bleibt, wird zum Fischerkönig gekürt. Ein weiterer fester Programmpunkt ist der Hahnenschlag, ein volkstümlicher Brauch, bei dem man mit verbundenen Augen einen Tontopf mithilfe eines Dreschflegels zu zerschlagen versucht. Wasserspiele auf der Regnitz und ein Abschlussfeuerwerk machen die „Sandkerwa" zu einem der größten Volksfeste in der Region.

Klein Venedig, Am Leinritt, 96047 Bamberg
www.sandkerwa.de
ÖPNV: Bus 910, Haltestelle Elisabethenstraße

Edles vom Himmelsgarten

29 *Bamberger Stiftsladen*

Die korbbogigen Ladenarkaden mit ihren barockisierten Formen wirken einladend, und wie man dem Schriftzug oben links neben der Eingangstür entnehmen kann, befand sich hier einst die „Wachszieherei Geschw. Poppenberger". Heute nutzt der Bamberger Stiftsladen die Räumlichkeiten. Der erste wurde anlässlich des 1000-jährigen Jubiläums im Innenhof der Klosteranlage St. Michael eröffnet, die Dependence bietet nun mitten im Zentrum der Stadt eine große Auswahl an Produkten der Hausmarke „Bamberger Stiftsgarten" und der Serie „Himmelsgarten". Unter dem ersten Label verbirgt sich all das, was im Michelsberger Garten wächst und verarbeitet wird. Aus den sorgsam ausgewählten Früchten von den Obstbäumen des Terrassengartens entstehen feine Brände und Liköre. Dort wachsen neben Zwetschgen und Quitten auch Birnensorten mit edlen Namen wie „Gräfin von Paris" oder die „Gute Luise von Avranches". Feine Liköre werden hergestellt aus der Kornelkirsche, der Mirabelle oder der Walnuss. Die alte Apfelsorte „Goldparmäne" ist Geschmacksträger für einen spritzigen Apfelsecco. Ebenso findet man hier den Silvaner vom Weinberg am Michelsberg. Als Vorlage für die Serie „Himmelsgarten" dienen die 578 gemalten Pflanzen und Heilkräuter im Innern der Kirche am Michelsberg. Die Pflanzen zieren Taschen, Federmäppchen, Mappen und Notizblöcke. Bei dieser reichhaltigen Auswahl kann man sich ein Stück Bamberg mit nach Hause nehmen, und der Erlös fließt in den Erhalt des Welterbes insbesondere der Sanierung des Michelsbergs. Ergänzt wird das Sortiment mit Produkten aus verschiedenen Klöstern, wie die Dahlheimer Klosterschätze, oder Produkte aus der über 800 Jahre alten Ernährungstherapie von Hildegard von Bingen aus der gleichnamigen Abtei bei Rüdesheim. Bücher und Tonträger mit Bamberg-Bezug runden das Angebot ab. Hier wird man fündig bei der Suche nach etwas ganz Besonderem.

Bamberger Stiftsladen, Hauptwachstraße 9, 96047 Bamberg
www.stadt.bamberg.de
ÖPNV: alle Linien, Haltestelle ZOB

BAMBERGER
STIFTSGARTEN
...emalige Benediktinerabtei von 101...
Bamberger
Altstadtkaffee
5,50 €
9,90 €
BAMBERGER
STIFTSGARTEN
...LÜTENHONIG
...US ROBINIEN
Bamberger Stiftsgarten Honig
FRÜHJAHRES-
TRACHTHONIG
FRÜHJAHRES-
TRACHTHONIG
8,50 €
Bamberger
Lagen-HONIG

Bewegte Geschichte

30 *Kloster Banz bei Bad Staffelstein*

Die Gegend um Lichtenfels mit seinen malerischen Dörfern, schroffen Felsformationen und rauschenden Bächen ist eine Gegend, die immer wieder zu neuen Entdeckungen einlädt. Schon weithin sichtbar und landschaftlich reizvoll gelegen, sieht man die beiden Juwelen der Barockarchitektur, die Wallfahrtsbasilika Vierzehnheiligen und die ehemalige Benediktinerabtei Kloster Banz. Zusammen mit dem Staffelberg bilden sie eine Landschaft, die der „Gottesgarten am Obermain" genannt wird. Die Bezeichnung geht vermutlich auf den Dichter Victor von Scheffel zurück, der die Landschaft in seinem 1859 verfassten Gedicht „Wohl auf, die Luft geht frisch und rein" beschrieb, das von Valentin Eduard Becker vertont zur inoffiziellen Frankenhymne wurde. Anfang des 19. Jahrhunderts erwarb Herzog Wilhelm von Bayern Kloster Banz und nutzte die Räumlichkeiten als Sommerresidenz. Zahlreiche illustre Gäste wie die Könige von Bayern und Preußen, Künstler und Gelehrte waren hier zu Gast. Herzog Wilhelms Enkel, der oft hier weilte, war der in Bamberg geborene Maximilian von Bayern und Vater von Kaiserin Elisabeth von Österreich, besser bekannt als Sisi. Nur einen Monat, nachdem sie geboren wurde, unternahm er eine mehrmonatige Expedition in den Orient mit einer Fahrt auf dem Nil von Kairo bis in den Sudan. In der orientalischen Sammlung des Museums Kloster Banz befinden sich zahlreiche Objekte seiner legendären Reise, darunter eine Mumie und ein fast vier Meter langes Nilkrokodil. Die Räumlichkeiten des ehemaligen Klostergebäudes dienen heute als Tagungsstätte der Hanns-Seidel-Stiftung. Sie steht damit ganz in der Tradition der Mönche, die hier als Denker in den Geistes- und Naturwissenschaften wirkten. Überregional bekannt ist das jährlich im Sommer stattfindende Musikfestival „Lieder auf Banz", ein zweitägiges Liedermacherfestival auf den Klosterwiesen, mit einem Traumblick auf die gegenüberliegende Wallfahrtskirche Vierzehnheiligen inklusive.

TIPP Zur Einkehr lädt die historische Klosterschänke mit einem schönen Biergarten ein.

Kloster Banz, 96231 Bad Staffelstein
www.hss.de/bildungszentren/kloster-banz
ÖPNV: RE, Station Bad Staffelstein, ab dort (Ruf-)Buslinie 1254

Mit Rosen bedacht

31 *Die Kletterrose am Leinritt*

Bamberg zeigt sich zu jeder Jahreszeit reizvoll, doch gerade in den Sommermonaten trägt die Vielzahl der Rosen, die in den Vorgärten blühen und sich an den Hauswänden emporranken, viel dazu bei. Das macht die Stadt wirklich bezaubernd. Bei einem Spaziergang entlang der Regnitz sind die Blicke zumeist auf die gegenüberliegende Seite von Klein Venedig mit den ehemaligen Fischerhäusern gerichtet. Doch dann folgen Staunen und Bewunderung beim Blick auf das Wohnhaus „Am Leinritt 1". Die dem Fluss zugewandte hochaufragende Giebelseite ist vollständig mit einer Kletterrose bewachsen. Das Gebäude wurde im 15. Jahrhundert ursprünglich als Stadel erbaut und Anfang des 18. Jahrhunderts in ein Wohnhaus umgewandelt. Ebenso geschichtsträchtig ist der Straßenname. Auf dieser Seite des Flusses zogen ursprünglich die Pferde mit einer langen Leine die Lastschiffe gegen die Strömung flussaufwärts. Der Name der prachtvollen Rose lautet „Mme Alfred Carrière". Der Rosenzüchter Joseph Schwartz aus Lyon widmete 1879 seine Neuzüchtung der verehrten Gattin eines großen Rosenkenners und erlangte mit ihr Weltruhm. Sie gehört noch zur Gruppe der „Alten Rosen" und ist damit eine Kreuzung aus Sorten, die bereits vor 1867 kultiviert wurden. 2003 erhielt sie die höchste Auszeichnung, die eine Rose erlangen kann, sie wurde von der Weltrosenvereinigung zur „Weltrose" ernannt. „Mme Alfred Carrière" gehört zur Gattung der Noisette-Rosen, benannt nach dem Züchter Philipp Noisette, eine Gattung von mehrmals blühenden Kletterrosen, die mit ihren langen elastischen, fast stachellosen Trieben beachtliche Höhen erreichen kann. Die großen, locker gefüllten und zart duftenden Blüten gehen in ihrer Farbigkeit von einem Perlmuttweiß in ein Zartrosa über. Die Erstblüte im Juni ist prachtvollste, die Zweitblüte erfreut die Betrachter bis in die Herbstmonate.

Kletterrose, Am Leinritt 1, 96049 Bamberg
ÖPNV: Bus 910, Haltestelle Elisabethenstraße

Die Fülle des Lebens

32 *Gärtner- und Häckermuseum*

Einzigartig sind die innerstädtischen Anbauflächen der Gärtnerstadt, auf denen seit dem 14. Jahrhundert kontinuierlich Gemüse angebaut wird. Doch die Grünflächen erschließen sich erst auf den zweiten Blick. Die typischen einstöckigen Gärtnerhäuser stehen traufseitig geschlossen zur Straße orientiert, und erst die Tordurchfahrt eröffnet den Zugang und den Blick in die rückseitig gelegenen Hausgärten. Lebendig erlebbar wird dies im Gärtner- und Häckermuseum. Hier kann man eintauchen in die Wohn- und Arbeitswelt einer Gärtnerfamilie in der Zeit um 1900. Eine Audioführung begleitet informativ und unterhaltsam durch Küche, Schlafzimmer und die gute Stube. Man erfährt vieles über das tägliche Leben, den europaweiten Handel mit Süßholz und Sämereien sowie das heute noch lebendige religiöse Brauchtum. Hinter der Tordurchfahrt schließt sich die ungeahnte Länge des Hausgartens mit seiner Vielfalt an Gemüsesorten an. Von besonderer Bedeutung war der Anbau von Zwiebeln als Heil- und Würzpflanze. In ihrer Kultivierung war die besondere Maßnahme erforderlich, das oberirdische Blattwerk mittels Brettchen unter den Schuhen niederzutreten. Der Spitzname „Zwiebeltreter" hat sich mittlerweile vom Stand der Gärtner auf die gesamte Stadt übertragen. Der hintere Teil des Gartens widmet sich den Häckern mit ihren speziellen Kulturen von Wein-, Hopfen- und Obstanbau. Gleich daneben liegt der Sortengarten, der sich insbesondere mit dem Erhalt und der Pflege alter Bamberger Haussorten befasst. Neben dem besonders milden Knoblauch, der birnenförmigen Zwiebel und den verschiedenen Sorten von Rettich kultiviert man eine Vielzahl von Stangen- und Buschbohnen. Sonnige und schattige Sitzbänke laden ein, mitten in der Stadt ein Stück Natur zu genießen. Man kann den Blick schweifen lassen über die Freiflächen der Gärtnerstadt mit ihren Gewächshäusern bis hin zum Turm der Pfarrkirche St. Otto. Eine bis heute lebendige Vergangenheit!

TIPP „Zwiebert" führt Kinder durch die Gärtnerstadt, sie erhalten die Broschüre an der Museumskasse.

Gärtner- und Häckermuseum, Mittelstraße 34, 96052 Bamberg
www.gaertner-und-haecker-museum.byseum.de
ÖPNV: Bus 901, 902, 907, 911, 914, Haltestelle Luitpoldstraße

Sand
Soda

33 Eisgrube am Stephansberg

In den Gassen der Altstadt auf historische Entdeckungsreise gehen! Das lohnt sich in der Eisgrube am Stephansberg ganz besonders. Der Straßenname ist eine vom Volksmund geprägte Bezeichnung für einen engen, schattenreichen Ort. Andere Spekulationen vermuten, dass man von hier Eis aus der Regnitz zu den Bierkellern transportiert hätte. Die Antwort bleibt offen. Von der Judenstraße kommend zeigt sich die Straße noch licht und breit, aber nach einer Linkskurve geht es schon steiler nach oben. Die Kurve wird flankiert von einem mächtigen Eckgebäude, einem ehemaligen Adelspalais, dem Rienecker Hof. Folgt man dem Straßenverlauf, drängen sich die Häuser dicht an dicht. Auf der rechten Seite fällt ein prachtvolles Anwesen ins Auge, die Eisgrube Nr. 14. Literarische Berühmtheit erlangte der Türknauf in dem Kunstmärchen „Der goldene Topf" des Dichters der Romantik E. T. A. Hoffmann. Hier besuchte er oft den Weinhändler und Verleger Carl Friedrich Kunz. Sein Haus stand für einheimische und durchreisende Gelehrte, Schriftsteller und Musiker im Mittelpunkt des literarischen Lebens bei Wein und Konversation. Die Geschichte erzählt von dem Studenten Anselmus, der auf dem Markt versehentlich den Korb eines alten Apfelweibes umstößt. Daraufhin nimmt sie auf geheimnisvolle Weise an seinem weiteren Leben teil, und in Gestalt eines Türknaufes bringt sie den Studenten im wahrsten Sinne des Wortes zu Fall. Das repräsentative Gebäude gehörte wie die anderen umliegenden Gebäude zu den Chorherrenhöfen des ehemaligen Kollegiatstiftes St. Stephan. Auf Höhe der Kirche lohnt sich der Blick zurück in die steil abfallende Gasse, die malerisch vom Turm der Oberen Pfarre überragt wird. Am Ende der Straße, dort wo die Eisgrube auf den Oberen Stephansberg trifft, steht das Haus zum Goldenen Wappen, in dem nachweislich 1520 der vagabundierende Alchimist und Wahrsager Johann Georg Faust weilte, der, wie weithin bekannt, Johann Wolfgang von Goethe als literarische Vorlage diente. Ein wunderbar inspirierender Spaziergang.

TIPP
Ein Blick in die evangelisch-lutherische Kirche St. Stephan lohnt sich.

Eisgrube 1-20, Oberer Stephansberg 1, 96049 Bamberg
ÖPNV: Bus 901, 908, 912, Haltestelle Schranne

34 *Bürsten Nickles*

Öffnet man die Eingangstür, so fühlt man sich sofort in eine andere Zeit versetzt. Schuh- und Kleiderbürsten, Handfeger und Stubenbesen, Spül- und Flaschenbürsten, daneben Fußmatten, Putzeimer und Reinigungsmittel. Der seit über 100 Jahren bestehende Laden hat eine bewegte Geschichte überlebt und hält sich standhaft gegenüber der Konkurrenz der Drogeriemärkte.

Der Steinboden, die maßgefertigte Ladeneinrichtung, die Verkaufstheke mit Registrierkasse und die Werbetafeln sind original erhalten. Ein Großteil der Bürsten wird auf den wenigen Maschinen der Dreißiger- und Fünfzigerjahre gefertigt. Die Herstellung erfolgt im klassischen Handeinzugsverfahren. Dabei wird jedes einzelne Borstenbündel mit einem Messingdraht in das Bürstenholz eingezogen. Das zeugt von hoher Qualität und Belastbarkeit. Und sollte eine Bürste doch einmal ganz oder teilweise abgenutzt sein, kann man die Bündel in dem hochwertigen Holzträger ersetzen. Doch ganz im Trend der Zeit gibt es auch Bürsten, die dem Wohlbefinden dienen. Vom Bauchpinsel und der Kratzbürste bis zur Sauna- und Massagebürste. Haarbürsten mit echten Wildschweinborsten massieren die Kopfhaut, nehmen überschüssiges Fett auf und verteilen es gleichmäßig in die Haarspitzen, wodurch natürlicher Glanz entsteht. Gesichtsbürsten aus Olivenholz mit Ziegenhaar reinigen die Haut und sorgen für einen angenehmen Peelingeffekt. Und sucht man ein passendes Geschenk, so wird ein wunderschönes Holzkästchen mit Firmenlogo thematisch bestückt, wie zum Beispiel mit einem Küchenset bestehend aus einer Bamberger Gemüsebürste, einem handeingezogenen Backpinsel und einer Bamberger Gärtnerbürste. Oder doch lieber ein Schuhputzset mit handeingezogener Schuhbürste zum Reinigen, einer zweiten zum Auftragen von Schuhcreme und einer Schuhglanzbürste zum Polieren? Eine Dose Schuhpflege mit Bienenwachs ist natürlich inklusive.

TIPP Blume trifft Bürste: professionelle Floristik auf Bestellung unter www.katharinaschumm.de.

Bürsten Nickles, Zinkenwörth 29, 96047 Bamberg
www.buersten-nickles.de
ÖPNV: Bus 901, 908, 912, Haltestelle Schillerplatz

Zum Schutze der Stadt

35 *Das Lächeln der Kaiserin Kunigunde*

Eine Legende erzählt von Kaiserin Kunigunde, die im Abendrot in einem Erker ihres Palastes an ihrem Spinnrad saß. Ihr Blick wanderte über die Stadt unterhalb der Burg, und da ihr die Stadt so sehr am Herzen lag, wünschte sie sich, der Faden möge die Stadt umgarnen und sie immer vor Unheil behüten. Sie warf die Spindel empor, und von einem Engel getragen, begann der Faden einen unsichtbaren Schleier zu weben, und seitdem hat kein Unglück mehr die Stadt heimgesucht. Gewirkt hat dieser Wunsch auch bei der Statue der Kaiserin Kunigunde auf der Unteren Brücke. Sie ist die einzige erhaltene Skulptur der einst prachtvollen barocken Brücke, die 1784 bei einem verheerenden Hochwasser zerstört wurde. Heute führt eine nüchterne Betonbrücke von der Bergstadt vorbei am Alten Rathaus in die Inselstadt, und in den Abendstunden ist sie ein beliebter Treffpunkt für Einheimische und Touristen, für Jung und Alt. Entfernt man sich nur wenige Schritte von der Brücke, wird man Betrachter eines Kunstwerks. Der Dürener Künstler Klaus Dauven schuf an den Betonbalustraden ein „Reverse Graffiti", das heißt, die Flächen, die mit einer Schmutzpatina überzogen sind, werden mittels Schablonen partiell mit einem Hochdruckreinigungsgerät oder einer Drahtbürste gereinigt. Der Titel des Werks „Angesichter", mit Porträts von 21 Jugendlichen, steht für die Bedeutung der Unteren Brücke als generationenübergreifender Treffpunkt und für das Zusammentreffen von Weltkulturerbe und modernem Leben. Der mittlerweile international arbeitende Künstler schuf hier ein temporäres Kunstwerk, ohne Ewigkeitsanspruch. Da sich im Verlaufe der Jahre wieder eine neue Schmutzpatina bildet, verschwindet das Kunstwerk automatisch. Und am Abend, wenn die Sonne über der Regnitz untergeht und sich die letzten Strahlen vor Klein Venedig im Wasser spiegeln, da lächelt die Kaiserin Kunigunde auf ihre seit Jahrhunderten nahezu unversehrte Stadt hinab.

TIPP Am Kunigundentag, dem 3. März, gibt es in vielen Bäckereien die leckeren Kunigundenringe.

Untere Brücke, 96049 Bamberg
ÖPNV: Bus 906, 910, 916, Haltestelle Am Kranen

Hose mit Kultstatus

36 *Levi-Strauss-Museum in Buttenheim*

James Dean und Marlon Brando trugen die Levi's 501 als Inbegriff von Jugend und Rebellion. Mit Marylin Monroe wurde die Hose weiblich und stand von nun an für die Unabhängigkeit der Frau. Als Jeans vielfach kopiert hat sie Kultstatus erreicht. Hersteller ist das Handelsunternehmen Levi Strauss & Co. mit Sitz in San Francisco, das sich heute noch in Familienbesitz befindet. Da jedes Kultobjekt seine Geschichte hat, hat auch die Levi's ihre Geschichte. Die meisten Amerikaner haben europäische Wurzeln, und so erreichte 1983 die Ortsgemeinde Buttenheim eine Anfrage. Nachforschungen in der Geburtsmatrikel der jüdischen Gemeinde und eine Auswanderungsurkunde im Staatsarchiv Bamberg brachten Gewissheit, dass der Firmengründer Löb Strauss 1829 in Buttenheim geboren wurde. Nach dem Tod des Vaters wanderte die Familie nach Amerika aus, wo sich bereits die beiden älteren Söhne in New York eine Existenz im Textilhandel aufgebaut hatten. Löb Strauss nannte sich fortan Levi, erwarb die amerikanische Staatsbürgerschaft und beteiligte sich am Textilhandel der Brüder. Die Nachricht von Goldfunden an der Ostküste verbreitete sich rasch, und so folgte die Familie dem Goldrausch und siedelte nach San Francisco über. Da die Goldarbeiter strapazierfähige Hosen benötigten, verstärkte der aus Riga stammende Schneider Jacob Davis die besonders belasteten Stellen der Arbeitshose mit Nieten. Zusammen mit Levi Strauss meldete er 1873 das Patent an und die Hose begann ihren Siegeszug rund um die Welt. Aufgrund der neuen Erkenntnisse erwarb die Gemeinde Buttenheim das Geburtshaus und ließ es zu einem Levi-Strauss-Museum umbauen, das im September 2000 eröffnet wurde. Eine Audioführung berichtet abwechslungsreich über die Lebensstationen von Levi Strauss und den Mythos rund um die Jeans. Und wer noch keine Levi´s besitzt, kann sie im Museumsshop erwerben. Hier findet man neben den beliebten Klassikern auch die brandneue Kollektion. Ein Glücksort für alle Jeans-Fans!

Levi-Strauss-Museum, Marktstraße 31–33, 96155 Buttenheim
www.levi-strauss-museum.de
ÖPNV: RE und S-Bahn, Haltestelle Buttenheim, Fußweg 20 Minuten

Levi's ®

Der schiefe Turm

37 *Aussichtsplattform in der Gärtnerstadt*

Ein ferner Blick in die Bergstadt zu den Türmen des Domes, der Altenburg und dem Michelsberg und ein naher Blick in die seit Jahrhunderten gewachsenen und heute noch bewirtschafteten Flächen der Gärtnerstadt. Diesen überwältigenden Ausblick hat man von der obersten Plattform des gläsernen Aussichtsturms auf der Böhmerwiese. Der Glasturm ist im wahrsten Sinne des Wortes der Höhepunkt des Gärtnerstadtrundweges. Er wurde 2012 im Rahmen der Landesgartenschau und des Modellprojektes „Urbaner Gartenbau“ errichtet, und der Blick von oben ermöglicht die beste Einsicht in das kulturelle Erbe der Gärtnerstadt. Sie bildet neben der geistlichen Bergstadt und der bürgerlichen Inselstadt eine der drei Säulen des UNESCO-Weltkulturerbes. Ganz bewusst setzte man beim Entwurf des Turmes eine moderne Architektur aus Gussglas und Stahl in einer leichten Schräglage der historisch gewachsenen Gärtnerstadt gegenüber. Der neu gewonnene Ausblick gewährt Einblick in die sogenannte „Hofstadt“ mit ihren typischen Gärtnerhäusern mit den dahinter liegenden Hausgärten, die im Allgemeinen von der Straßenseite aus verborgen sind. Zusammen bildet das Ensemble ein einzigartig erhaltenes Beispiel von innerstädtischem Wohn- und Arbeitsleben, das bis heute lebendig geblieben ist. Neunzehn Familien bewirtschaften noch die historischen Anbauflächen in der Stadt, und ihr Ertrag erstreckt sich von Gemüse, Kräutern und Obst bis hin zu Blumen, Stauden und Bäumen. Aus diesem Grund wurde die Gärtnerstadt zusätzlich zum Welterbe-Titel in das landes- und bundesweite Verzeichnis des „Immateriellen Kulturerbes“ aufgenommen. Dieses Erbe umfasst den innerstädtischen Erwerbsgartenbau mit seinen vielfältigen Traditionen und schützt neben den Wohnformen das noch gelebte kulturelle, arbeitstechnische und religiöse Brauchtum. Ein großes Erbe, das es zu bewahren gilt und das gleichzeitig in die Zukunft zu führen ist. Und ein Glücksmoment für den Betrachter, dem dieser Einblick gewährt wird.

TIPP Ein ausgeschilderter 5 Kilometer langer Rundweg mit 18 Stationen führt durch die Gärtnerstadt.

Gärtnerei Böhmerwiese, Heiliggrabstraße 57, 96052 Bamberg
ÖPNV: Bus 915, 904 Haltestelle Ottokirche

Kunst im Wasserschloss

38 *Internationales Künstlerhaus Villa Concordia*

Vom Mühlwörth hat man den schönsten Blick auf das Wasserschloss Villa Concordia, erbaut in den Jahren 1716–1722 für den Hofbeamten Ignaz Tobias Böttinger. Ganz auf die Regnitz ausgerichtet ist dem Hofarchitekten Johann Dientzenhofer eine vollendete barocke Komposition gelungen. So war es ein Glücksfall, dass 1998 das „Internationale Künstlerhaus Villa Concordia" hier einzog und das barocke Gebäude zu einem Ort der Förderung der Künste und der Vertiefung internationaler kultureller Beziehungen wurde. Bereits etablierte Künstlerinnen und Künstler der Sparten Literatur, Musik und Bildende Kunst aus Deutschland und einem jährlich wechselnden europäischen Gastland erhalten das Privileg, im Rahmen eines Stipendiums hier leben und arbeiten zu dürfen. An ausgewählten Terminen präsentieren sie dem kunstinteressierten Publikum ihre Arbeit in Konzerten, Lesungen und Kunstausstellungen. Es gibt spannende Buchvorstellungen, klassische und experimentelle Musik, inspirierende Kunst und Lichtinstallationen im Garten. Danach trifft man sich im Gartensaal oder an einem lauen Sommerabend im Terrassengarten zu einem Gespräch bei einem Glas Wein. Bedingt durch die neue Nutzung wurden die Räumlichkeiten erweitert und auf der obersten Ebene des Gartens befindet sich ein moderner Atelierbau zum Wohnen und Arbeiten. Die zeitgenössische Architektur bietet einen spannenden Kontrast zum barocken Wasserschloss und steht für eine wunderbare Symbiose zwischen Vergangenheit und Gegenwart. Durch die immer enger werdenden Verknüpfungen sind im Verlaufe der Jahre zahlreiche Projekte und Kooperationen entstanden, sowohl zwischen Künstlern aber auch mit verschiedenen Institutionen in der Stadt und der Region. Das ehemalige Wasserschloss Villa Concordia ist zu einem vielseitigen Glücksort geworden, sowohl für den internationalen Austausch von Kunst und Kultur, aber auch als wichtiger Beitrag zum kulturellen Leben der Stadt.

TIPP **Wunderschöne Abendstimmung im Garten, wenn sich die Lichter in der Regnitz spiegeln.**

Internationales Künstlerhaus Villa Concordia, Concordiastraße 28, 96049 Bamberg
www.villa-concordia.de
ÖPNV: Bus 901, 908, 912, Haltestelle Schranne

Die gute Form

39 *Licht und Design*

Die günstige Ecklage des Designfachgeschäftes bietet viel Schaufensterfläche, um das Angebot zu präsentieren. Im Innern des Ladens findet man in einem großzügigen und hellen Ambiente eine gelungene Mischung von schönen Wohnideen und kreativen Designartikeln. Die Produkte und Marken sind vielfältig und greifen wechselnde Trends auf. Im Mittelpunkt steht das Thema Licht mit einer reichen Auswahl an Leuchten und mit einer kompetenten Beratung. Herausragend sind die Klassiker des italienischen Herstellers Artemide, wie zum Beispiel die Tischlampe „Tizio" von Richard Sapper, ein Entwurf von 1972, der heute Kultstatus genießt. Ebenso Geschichte geschrieben hat die Tischlampe von Wilhelm Wagenfeld, entworfen 1924 am Bauhaus in Weimar, die von dem Bremer Leuchtenhersteller Tecnolumen produziert wird. Mit den LED-Leuchtstäben des dänischen Herstellers Hay setzt man völlig neue Lichtakzente – jung, bunt und innovativ. Eine Vielfalt von Designobjekten vom Möbelstück bis zu trendigen Wohnaccessoires, qualitativ und hochwertig in der Verarbeitung mit funktionaler Handhabung, das ist hier das Auswahlkriterium. Eine Linie ist bestimmt von skandinavischem Design, aber natürlich darf italienisches Design nicht fehlen. Die italienische Designfabrik Alessi überzeugt seit Jahrzehnten mit innovativen Entwürfen namhafter Designer. Daneben stehen Glaskaraffen und Gläser, Brotbackformen und Gärkörbchen, Isolierkannen und Kaffeetassen bis hin zu einer großen Auswahl von persönlichen Dingen wie Taschen, Uhren und Schmuck. Ebenso kann man verschiedene Figuren von Ottmar Hörl erwerben, die durch ihre Installationen immer wieder für öffentliche Aufmerksamkeit sorgen. Aber auch ausgefallene Ideen finden hier ihren Platz. Schon mal etwas von einer Zwitscherbox gehört? Ausgelöst durch einen Bewegungsmelder erklingt erfrischender Vogelgesang im Eingangsbereich des Hauses oder im Gästebad.

Licht und Design, Am Kranen 6, 96047 Bamberg
http://de-de.facebook.com/LichtDesign.Bamberg/
ÖPNV: Bus 906, 910, 916, Haltestelle Am Kranen

E27
PENDANT
LAMP

Im Rausch der Farben

40 *Schneiders Hutmanufaktur*

Julia Schneider-Koch entwirft extravagante Hutkreationen von klassisch und elegant bis frech und poppig. Ein Hut ist mehr als eine Kopfbedeckung, er ist Ausdruck einer Lebensphilosophie. Hüte ergänzen die Kleidung, sie unterstreichen die Persönlichkeit, sie vermitteln einen Hauch von Charme oder sogar eine Spur von Geheimnis. Hüte sind Alltagsbegleiter, modische Trendsetter oder extravagante Hingucker bei einem Galaempfang. Beim Entwurf kommt es der Modistin nicht in erster Linie auf eine ausgefallene Form an, sondern sie orientiert sich am Kleidungsstil und hebt die Persönlichkeit der Trägerin hervor. Die Kreationen entstehen in reiner Handarbeit aus den verschiedensten Materialien wie Filz, Seide, Wolle, Leinen und Stroh, ergänzt mit Bändern, Federn und Blüten, und gefertigt mit viel Liebe zum Detail. Während im Winter die farbigen Filzmaterialien dominieren, ist das Ausgangsmaterial für den Sommer das Stroh. Bei Weizenstrohhüten wird der Rohling mit Wasserdampf geschmeidig gemacht, über einem Holzstumpen in Form gezogen, danach folgt das Formen und Glätten, Innenbänder und Garnituren werden festgenäht und festgesteckt. Die Modistin benötigt etwa zwei Stunden für ein schlichtes Herrenmodell aus Stroh oder mehrere Tage für eine ausgefallene Damenkreation aus anspruchsvollen Materialien. Passend zu den Hüten findet man im Laden Accessoires wie hochwertige Schals und ausgefallene Regenschirme, Lederhandschuhe und sogar Spazierstöcke für den Herrn. Immer am Puls der Zeit präsentiert Julia Schneider-Koch ihre Hutkreationen auch auf aktuellen Messen. Die Qualität hat sich mittlerweile herumgesprochen und es kommen Aufträge aus Übersee, mal für eine Adelshochzeit oder sogar von Besucherinnen des Royal-Ascot-Pferderennens, gefertigt nach individuellen Wünschen. Hier wird der Hut zum Statement! All dies findet man in dem schönen Laden mitten im Herzen des Weltkulturerbes am Grünen Markt mit dem Motto „Hut tut gut".

Schneiders Hutmanufaktur, Grüner Markt 12, 96047 Bamberg
www.schneiders-hutmanufaktur.de
ÖPNV: alle Linien, Haltestelle ZOB

Eine Stadt voller Magie

41 *Bamberg zaubert*

Magie liegt in der Luft! Am dritten Wochenende im Juli verwandelt sich die Welterbe-Stadt in eine einzige Zauberbühne voller magischer Momente. Stelzenläufer und Seiltänzer, Feuerspucker und Jongleure, Clowns und Pantomimen begeistern die Zuschauer auf Straßen und Plätzen mit ihrem Können. Das „Internationale Straßen- und Kleinkunstfestival – Bamberg zaubert" startet am Freitagnachmittag mit einer Parade der bunt gekleideten Künstlerinnen und Künstler durch die Innenstadt. 120 Teilnehmer aus 14 Nationen treten während des dreitägigen Festivals an 25 verschiedenen Orten auf. Ringe, Keulen, Bälle und Teller fliegen durch die Lüfte. Pyramiden, Purzelbäume und Überschläge scheinen die Gesetze der Schwerkraft aufzuheben. Modellierballons beglücken die kleinen Gäste. Am frühen Nachmittag des Festivalsamstags steht die Nachwuchsförderung mit einer Show im Mittelpunkt. Die jungen Zauberkünstler haben dabei die Möglichkeit, ihr Können auf einer großen Bühne unter Beweis zu stellen. Absoluter Höhepunkt der Festivaltage sind die Magischen Nächte auf der Hauptbühne am Maxplatz. Eine lockere und kurzweilige Moderation begleitet das Publikum durch eine Welt der Illusion mit Licht und Feuer, mit Diabolo-, Jonglage-, Akrobatikshows. Die auftretenden Künstlerinnen und Künstler erhalten von den Zuschauern neben dem wohlverdienten Applaus für die Show als Gage ein sogenanntes „Hutgeld". Ein weiterer fester Programmpunkt ist der Publikumspreis. Hier prämieren die Zuschauer per Stimmzettel ihre Lieblingskünstler oder Lieblingskünstlerinnen in drei Kategorien. Aber vielleicht möchte man auch einfach nur durch die Straßen schlendern und die Atmosphäre genießen. Die drei Tage sind erfüllt mit einzigartigen Momenten und die Welterbe-Stadt ist noch ein wenig zauberhafter als sonst.

TIPP

Zum Auftakt findet eine Varietéshow im ETA Hoffmann Theater statt.

Innenstadt
www.bamberg-zaubert.mybamberg.de
ÖPNV: alle Linien, Haltestelle ZOB

Gründerzeit trifft Moderne

42 *Stadtgalerie Villa Dessauer*

Namensgeber für die Villa war der wohlhabende Hopfenhändler Carl Emanuel Dessauer, der sein Wohnhaus in dem ehemals feuchten und sumpfigen Haingebiet erbauen ließ. Ab Mitte des 19. Jahrhunderts wurde im Zuge der Stadterweiterung die Hainstraße zuerst als Pappelallee angelegt, daraus entwickelte sich ein Villengebiet für das wohlhabende Bürgertum. Die 1883 erbaute Villa mit ihrer Fassade, besetzt mit Giebeln und Erkern, Gauben und Nischen mit figürlichem Schmuck, ist ein herausragendes Beispiel bürgerlicher Repräsentation der Gründerzeit. Wohnlichkeit und Komfort, aber auch Modernität mit einer Heißwasserheizung und fließendem Wasser waren ganz auf der Höhe der Zeit. Nach einer wechselvollen Geschichte befindet sich hier seit 1987 die „Stadtgalerie für moderne Kunst". In den herrschaftlichen Räumen zeigt man ganzjährig in Wechselausstellungen moderne Kunst und Fotografie, ergänzt durch Vorträge und Konzerte. Heute betritt man die Villa über einen Seiteneingang. Wenige Stufen führen in den Eingangsbereich, der ehemals als Eingangsfoyer diente. Gleich dahinter liegt der ursprüngliche Speisesaal mit einem großen Erkerfenster und schönem Blick in den Garten. Das Obergeschoss erreicht man über das prunkvolle Treppenhaus mit architektonisch gegliederten Wandflächen, reich an Stuck und ornamentaler Malerei. Das schmiedeeiserne Treppengeländer und die feinen geätzten Fensterscheiben lassen den Glanz der Jahrhundertwende noch heute erstrahlen. Der Hauptraum im Obergeschoss überrascht ebenso mit einer reich verzierten Deckengestaltung mit Oberlicht. Die historisierende Architektur der Gründerzeit bietet heute einen spannenden Kontrast zur hier ausgestellten Kunst der Moderne. Nach dem Besuch lohnt sich auch ein Blick in den Garten. Hier ist in den letzten Jahrzehnten zwischen dem Grün ein kleiner Skulpturengarten entstanden mit Werken von Künstlern aus der Region. Dazwischen sorgt ein Bienenstock der Initiative Bienen-leben-in-Bamberg für Lebendigkeit. Hier findet man Kunst und Natur in Harmonie.

Stadtgalerie Villa Dessauer, Hainstraße 4 a, 96047 Bamberg
www.museum.bamberg.de/villa-dessauer
ÖPNV: alle Linien, Haltestelle ZOB

Weltreise des Geschmacks

43 *Das Würzhaus*

In den Räumlichkeiten der ehemaligen Löwenapotheke lädt das Würzhaus mit einem reichhaltigen Sortiment an Gewürzen und aromatischen Kräutern in feinster Bioqualität, hausgemachten Öl- und Balsamessig-Kreationen sowie Blütenmischungen für die Salatzubereitung zum Entdecken ein. Versüßen kann man sich das Leben mit wunderbaren Zuckerkreationen gemischt mit Rosenblütenblättern oder Lavendelblüten. Präsentiert wird das reichhaltige Warenangebot in der originalen Apothekeneinrichtung aus dem Jahr 1833 mit nussbaumfurnierten Schränken. Die Regalaufsätze sind optisch abgetrennt durch Säulen und Kapitelle und schließen nach oben mit einem repräsentativen Gesims ab. Optisch ins Auge fallen die Schubladenelemente mit den originalen Emailschildern. Seit Jahrhunderten gelangten Gewürze aus fernen Ländern über Handelsrouten nach Europa. Was damals als kostbare Ware gehandelt wurde, ist heute glücklicherweise für jeden erschwinglich. Der Vielfalt im Würzhaus sind keine Grenzen gesetzt und man kann sich hier auf eine Weltreise des Geschmacks begeben, die von Europa über Asien, Australien bis nach Amerika führt. Die Reise beginnt in Frankreich mit den Kräutern der Provence und dem Gewürzklassiker Café de Paris, ideal für die Zubereitung von Kräuterbutter und Dips, gefolgt von Italien mit wildem Lorbeer aus Sardinien. Die Palette orientalischer Gewürze ist grenzenlos, und man kann sich von spannenden Mischungen wie dem marokkanischen Ras el-Hanout oder Baharat, einer traditionellen arabischen Gewürzmischung, verführen lassen. Es geht weiter nach Indien mit den vielfältigen Geschmackserlebnissen des Madras Currys oder der Tandori-Masala-Gewürzmischung. Mit Salz aus dem Himalaya, Galgant aus Südostasien, Pfeffer aus Tasmanien oder einer feurig-milden Gewürzmischung für ein mexikanisches Steak hat man die Welt nahezu umrundet. Das historische Ambiente, die Vielfalt des Sortiments und ein Potpourri von Küchenaccessoires machen das Würzhaus zu einem Glücksort für Genießer.

Das Würzhaus, Lugbank 9, 96049 Bamberg
www.daswuerzhaus.de
ÖPNV: Bus 901, 908, 912, Haltestelle Schranne

Wärmebalsam
Kühlbalsam
Murmelkraft Balsam
Hanf Massage-licht
CBD Balm 1%
Weihrauch Balsam
Atemfrei Balsam
SaunaÖl
ZIRBENWÜRFEL
EINKLANG
Zirben Hochgefühl
Zirben Bad
Meersalz basisch
Zirben Alpen Atem
Zirben Balsam
Zirben familie
€ 15.95
Männer Seife
Frauen Seife
SUPPOSITORIEN
SUPPOSITORIEN
ZIRBEN
AMPULLEN

Mittelalterliche Klänge

44 *Capella Antiqua Bambergensis in Wernsdorf*

Mit der „Capella Antiqua Bambergensis" kann man eintauchen in die Musik des Mittelalters, mal klangvoll und rhythmisch gespielt auf Pommern, Sackpfeifen und fränkischen Heertrommeln, mal mystisch und geheimnisvoll gespielt auf Fideln, Harfen und Schalmeien. In Schloss Wernsdorf, einem ehemaligen Jagdschloss der Bamberger Fürstbischöfe, befindet sich das klingende Museum mit mehr als 220 spielbaren Musikinstrumenten und einem außergewöhnlichen historischen Konzertsaal, der sich über den gesamten Dachbereich des Schlosses erstreckt. Bei den regelmäßig stattfindenden Konzerten werden die Zuhörerinnen und Zuhörer musikalisch in die Epochen der Vergangenheit entführt. Man hört von der Welt der Ritter und Burgfräulein, begleitet von Musik auf Instrumenten der fahrenden Musiker vergangener Zeiten. Die Fräulein von Franken wurden in jener Zeit von den Minnesängern besungen, die in ihren Liedern die Tugenden und die Schönheit der edlen Damen priesen. In einem weiteren Programm geht es mit Saladin auf eine Reise in den Orient, umspannt von einem musikalischen Bogen zwischen Orient und Okzident. Eine musikalisch-literarische Reise entführt in das Land des Nasreddin Hodscha mit seinen überlieferten Narrengeschichten aus dem 14. Jahrhundert. Geschichte und Geschichten sowie Erläuterungen zu den historischen Instrumenten runden die außergewöhnlichen Konzerterlebnisse ab. Im Sommer finden die Konzerte im malerischen Innenhof statt, und in den Pausen lädt ein weitläufiger Park rund um das Schloss zum Lustwandeln ein. Hier befindet sich auch die Manufaktur für historische Musikinstrumente, in der exakte Kopien historischer Instrumente des Mittelalters und der Renaissance gefertigt und erprobt werden. Ebenfalls im Park wurde ein Pavillon aus Holz und Glas für kreativen Instrumentenbau errichtet. Darin finden regelmäßig Baukurse für die Zauberharfe statt, insbesondere für Familien mit an Krebs erkrankten Kindern, ein ganz besonderes Herzensprojekt der Musiker.

Capella Antiqua Bambergensis, Schloss Wernsdorf, Zur Schleifmühle 4, 96129 Wernsdorf
www.capella-antiqua.de
ÖPNV: Regionalbus 975, Haltestelle: Wernsdorf

Extravagant und trendig

45 *Absatz z. B. Schuhe*

Eine Vielfalt kleiner, inhabergeführter Geschäfte prägt das Einkaufserlebnis in der Welterbe-Stadt. In der belebten Langen Straße findet man diesen etwas anderen Schuhladen. „Absatz z. B. Schuhe" ist eine erstklassige Adresse für Schuhe und modische Accessoires, hoch geschätzt von Kundinnen und Kunden aus nah und fern. Hinter dem großen beleuchteten Schaufensterbogen befindet sich der lange und schmale Laden. Die hellen Hölzer der minimalistischen Innenraumgestaltung lassen die Auslagen besonders gut zur Geltung kommen. Hier findet man eine erlesene Auswahl an Schuhen aus traditionellen europäischen Manufakturen bis hin zu exklusiven Modellen namhafter Designer. Die begehrten Labels werden noch in Handarbeit aus hochwertigen Materialien gefertigt und pro Saison nur ein einziges Mal in Kleinserien produziert. Das macht jedes Paar Schuhe individuell und einzigartig, und sie verleihen der Trägerin oder dem Träger eine gewisse Exklusivität. Egal ob Stiefeletten, Pumps oder Ballerinas für die Dame oder für den Herren rahmengenähte Budapester, Schnürer oder Sneakers, bei allen Einzelpaaren hat die Qualität höchste Priorität. Rote Pumps, Stiefel im Leopardenlook, neongelbe Stiefeletten, klassische und verspielte Sandaletten – bei der Zusammenstellung des Sortiments zeigt die Inhaberin ein stilsicheres Gespür für die Modetrends der Zeit. Ja, man ist sogar immer ein kleines Stück voraus und selbst Trendsetter, schließlich kann man auf eine langjährige Erfahrung zurückblicken. Im Laden können Kundinnen und Kunden in einer ganz entspannten und familiären Atmosphäre das Angebot entdecken und sich kompetent beraten lassen. Ausgewählte Accessoires wie Taschen, Gürtel, Handschuhe und Schals runden das Angebot ab. „Absatz z. B. Schuhe" ist ein Laden für das gewisse Etwas, denn auch Schuhe machen Leute.

Absatz z. B. Schuhe, Lange Straße 31, 96047 Bamberg
www.absatz-bamberg.de
ÖPNV: alle Linien, Haltestelle ZOB

Lichtdurchflutete Objekte

46 *Studioporzellan Christiane Toewe*

In der schönen Wohngegend des Hains findet man das Atelier für Studioporzellan der Porzellankünstlerin Christiane Toewe. Es ist zugleich ihr Arbeitsplatz, und in den Regalen stehen Vasen, Schalen und Objekte in allen Stadien des Herstellungsprozesses, daneben der Brennofen, in dem das Hartporzellan bei 1340 Grad gebrannt wird. Eine Treppe führt nach unten in den großzügigen Ausstellungsraum mit viel Fensterfläche und Ausblick in den Garten. Christiane Toewes filigrane Leuchtobjekte bestehen aus hauchdünnem Porzellan und entfalten erst durch ihr Licht- und Schattenspiel ihre Lebendigkeit. Die langen, spitzen Porzellankegel mit ihrer millimeterdünnen Wandung stellen eine ganz besondere handwerkliche Herausforderung dar und sind das Ergebnis eines jahrelangen Entwicklungsprozesses. Nach dem Brand werden die Oberflächen experimentell weiterbearbeitet, wodurch unterschiedliche Lichtdurchlässigkeiten entstehen. Von innen beleuchtet, erscheinen die Objekte trotz ihrer formalen Strenge bewegt, sie werden zu poetischen Gebilden mit einem faszinierenden Schattenspiel an den Wänden und verleihen dem Raum somit eine ganz besondere Atmosphäre. Schlitze werfen kristalline Lichtreflexe an die Wand, kleinste Porzellankügelchen bilden eine dichte reliefartige Struktur, Laubwerk und Pflanzen spielen mit Licht und Schatten. Ein Schlüsselerlebnis für den Werdegang als Künstlerin hatte Christiane Toewe in China, als man ihr eine hauchdünne Schale in die Hände legte. Heute beherrscht sie den Umgang mit Porzellan, mit all den unzähligen Nuancen der Farbe Weiß in Perfektion. Das Formenrepertoire reicht weit über die markanten Kegel hinaus und umfasst Flaschen, Vasen und die schaukelnden Teetassen. Museale Installationen, welche gesellschaftliche Themen aufgreifen, begeistern die Kunstliebhaber auch aufgrund ihrer enormen Größe und technischen Raffinesse. Hier arbeitet die Künstlerin neben Porzellan und Licht auch mit Video und Sound.

Studioporzellan Christiane Toewe, Hainstraße 57, 96047 Bamberg
www.toewe.net
ÖPNV: Bus 909, Haltestelle Willy-Löhe-Heim

Schöne Dinge des Lebens

47 *Kleines Glück by Wanka Tonka*

Vielleicht kann man in diesem kleinen Lädchen mit der schiefen Tür sein kleines Glück finden? So verspricht es zumindest der Werbeslogan auf den Schaufenstern. Das Gebäude an der Oberen Brücke, unweit des Alten Rathauses, ist selbst eine Attraktion und ein beliebtes Fotomotiv aufgrund seiner Schieflage. Die Fassade im Erdgeschoss wurde erst 1822 vorgeblendet und aufgrund unterschiedlicher Fundamentierung hat sich im Laufe der Zeit das hochmittelalterliche Gebäude mehr und mehr in Richtung Fluss geneigt. Bei früheren Bau- und Renovierungsvorhaben wurden die statischen Probleme erst ab dem ersten Obergeschoss ausgeglichen, das Erdgeschoss aber blieb in der ursprünglichen Position unverändert. Aber auch bei der letzten, mehrfach ausgezeichneten Sanierung blieb die Schieflage der Tür erhalten, die sich entgegen naheliegender Vermutungen einwandfrei öffnen lässt. Natürlich erwartet man in einem außergewöhnlichen Gebäude auch einen Laden mit einem außergewöhnlichen Sortiment und man wird nicht enttäuscht. Die schiefe Tür eröffnet ein buntes Potpourri von Lifestyle- und Dekorationsartikeln ganz nach dem Motto „Willkommen bei den schönen Dingen des Lebens". Ein kleines, außergewöhnliches Sortiment an Kleinmöbeln, zwischen rustikal und verspielt, bietet etwas für jeden persönlichen Geschmack. Mit einer Auswahl an ausgefallenen Möbelknäufen aus Keramik lassen sich vorhandene Möbel individuell aufpeppen. Wohnaccessoires wie Spiegel, Leuchten, Vasen, Skulpturen und die unterschiedlichsten Dekorationsobjekte ergänzen den individuellen Wohnstil. Man findet viele nette Kleinigkeiten wie den Bamberger Bierprinzen oder kleine Bamberger Bierbuben aus Ton gefertigt oder etwas für den persönlichen Kleidungsstil wie Handtaschen, Schals und Fächer, ebenso wie feingehämmerten Schmuck aus Bali. Ein Laden mit viel Charme – und vielleicht findet man hier tatsächlich sein ganz persönliches kleines Glück.

Kleines Glück by Wanka Tonka, Obere Brücke 2, 96047 Bamberg
www.wankatonka.de
ÖPNV: Bus 906, 910, 916, Haltestelle Am Kranen

kleines glück
by WANKA TONKA
ONLINE shopping
wankatonka-shop.de
Jeder Mensch hat eine andere
DEFINITION VON GLÜCK
du bist meine

48 *Holla die Bierfee in Memmelsdorf*

In Oberfranken gibt es sie noch, die familiengeführten Brauereien mit einer jahrhundertelangen Tradition und einer bis heute lebendigen Braukultur. Bierbrauen ist nach wie vor eine Männerdomäne, und so haben sich drei Jungbrauerinnen zum Ziel gesetzt, ein Bier speziell für Frauen zu brauen. Isabella Meieren, die Malzfee von der Brauerei Drei Kronen in Memmelsdorf im Bamberger Land, Monika Meinel-Hansen, die Hefefee, Gisela Meinel-Hansen, die Hopfenfee, beide von der Brauerei Meinel in Hof, präsentieren ihre Biere unter dem Namen „Holla die Bierfee" mit einem Label in der Farbe Pink. Bei einem Bockbieranstich schenken sie ihr Bier schon mal in einem edel geschwungenen Glas aus, geschmacklich ergänzt mit einem Fruchtspieß, der zuvor in einem Schokoladenbrunnen in dunkle Schokolade getaucht wurde. Ein Topseller ist der „Sommernachtstraum", geeignet als Aperitif oder Sundowner. Das sechsprozentige orange-rote Dinkel-Pale-Ale mit Aromahopfen wird mit bayerischer Weißbierhefe und französischer Weißweinhefe doppelt vergoren. Das Ergebnis ist ein fruchtiges Geschmackserlebnis mit einem Spektrum von Mandarine über Pfirsich bis zu Blutorange. Genießen kann man den „Sommernachtstraum" solo, aber auch als Begleiter zu leichten Geflügel- und Fischgerichten oder zu einem fruchtigen Sorbet. Ein Bier, so raffiniert, dass es mittlerweile nicht nur bei der Zielgruppe der Frauen großen Anklang findet. Erhältlich ist das Bier von „Holla die Bierfee" im familiengeführten Brauereigasthof Drei Kronen in Memmelsdorf. In Franken gehören Leib und Seele zusammen, und so steht das älteste Wirtshaus in der Regel gegenüber der Kirche. Und hier im Drei Kronen wird seit 1457 Bier nach dem Bayerischen Reinheitsgebot gebraut.

TIPP Das Angebot wechselt saisonal. Aktuelle Informationen findet man auf der Internetseite.

Hotel- und Brauereigasthof Drei Kronen, Hauptstraße 19, 96117 Memmelsdorf
www.holladiebierfee.de
ÖPNV: Bus 907, Haltestelle Memmelsdorf Markt

Königin der Instrumente

49 *Orgelkonzerte im Bamberger Dom*

Das Klangspektrum einer Orgel reicht von kaum hörbaren, tief berührenden Tönen bis hin zu mächtigen Klangmalereien. Es ist eine Musik, die bis in die Seele dringt. Eindrucksvoll erleben kann man das bei den großartigen Orgelkonzerten im Bamberger Dom. Das Orgelspiel hat in der Liturgie eine lange Tradition, und so kann man im Dom bereits seit dem 15. Jahrhundert an der gleichen, akustisch günstig gelegenen Stelle eine Schwalbennestorgel nachweisen. Die heutige Orgel ragt seit 1976 in neun Metern Höhe spektakulär in das Mittelschiff. Gebaut wurde sie von der Firma Rieger aus Schwarzach/Vorarlberg, das Orgelprospekt schuf der Bildhauer Klaus Backmund aus München. Das Instrument umfasst 77 Register auf vier Manualen und Pedal und erfüllt liturgische, aber auch konzertante Anforderungen. Die überragende Akustik des 800 Jahre alten Sakralraumes bringt alle Nuancen der Pfeifen perfekt zum Klingen. Diese reichen vom zartem Trillerspiel bis hin zum kräftigen Fortissimo, in dem Klang und Raum verschmelzen. Die Samstagskonzerte in den Monaten Mai bis Oktober zur Mittagszeit sind mittlerweile zur Tradition geworden. Wöchentlich wechselnd spielen renommierte Organisten aus Deutschland und dem europäischen Ausland bekannte, aber auch seltene Orgelwerke aus fünf Jahrhunderten. Das tagesaktuelle Programm erhält man vor dem Konzert am Eingang. Bei den Samstagskonzerten lassen sich Einheimische und Touristen die in aller Regel von liturgischen Themen geprägte Musik durch eine der eindrucksvollsten Orgeln in Deutschland näherbringen. Aus diesem Grund empfiehlt es sich, rechtzeitig Platz zu nehmen. Durch das Konzert wird man königlich belohnt, denn nicht umsonst wird die Orgel auch als Königin der Instrumente bezeichnet. Ein musikalisch unvergessliches Erlebnis an einem Ort zum Innehalten.

TIPP Nebenan befindet sich das Diözesanmuseum mit Schätzen aus 1000 Jahren Bistumsgeschichte.

Domplatz, 96049 Bamberg
www.bamberger-dommusik.de
ÖPNV: 910, Haltestelle Domplatz

Von Spielort zu Spielort

50 *Theater im Gärtnerviertel*

Das Theater im Gärtnerviertel ist ein Glücksort mit vielen Stationen. Das freie Theater zieht mit seinem Ensemble von Spielort zu Spielort und verwandelt alltägliche Orte in Theaterbühnen. Gerade die historisch gewachsene Stadtstruktur Bambergs birgt eine Vielzahl an Möglichkeiten, um der Kreativität freien Lauf zu lassen. Ob Ladengeschäft, Atelier oder Innenhof setzt sich das Theater an den unterschiedlichsten und außergewöhnlichsten Orten in Szene. So spielt die Geschichte des venezianischen Schriftstellers Giacomo Casanova im Innenhof der Bioland Gärtnerei Niedermaier. Dort, wo in der Regel Gemüse nach biologischen Richtlinien angebaut wird, kann sich das Lebens- und Liebesgeflecht des Titelhelden zwischen Gewächshaus und Gemüsebeeten frei entfalten. Das Theater öffnet aber auch verborgene und private Orte, die nicht jederzeit zugänglich sind. So verwandelt das Ensemble den stimmungsvollen Innenhof der Schlosserei Leicht mit dem mysteriösen Fall des Dr. Jekyll und Mr. Hyde in einen Schauplatz moralischer Verwerfungen. Zwischen Bühne und Laubengang, gespenstisch untermalt mit knarzenden Kellertüren, entsteht ein Handlungsspielraum, in dem der schaurige Horror seinen Lauf nimmt. Ganz andere Möglichkeiten bietet das Bildhaueratelier von Bernd Wagenhäuser. Zwischen den abstrakten Skulpturen aus Eisen und Stahl spielt die griechische Tragödie „König Ödipus“ in einer frischen und kurzweiligen Neubearbeitung für zwei Schauspieler und einen Percussionisten. Das eigentlich Faszinierende ist, wie die Grenzen zwischen Theater und Alltagsleben spielend aufgehoben werden. Das Team besteht aus einem Ensemble von Theaterprofis, die sich in der freien Theaterszene etabliert haben. In jeder Spielzeit kommen etwa sechs bis sieben Produktionen auf verschiedene Bühnen, in einem immer wieder neuen spannenden Programm zwischen Komödie und Tragödie, zwischen Politik und Philosophie.

TIPP **Mit dem Audiowalk „W:ORTE“ kann man mit Text und Musik durch die Gärtnerstadt flanieren.**

TiG Theater im Gärtnerviertel, Josephstraße 7, 96052 Bamberg
www.tig-bamberg.de

ÖPNV: Bus 901, 902, 907, 911, 914, 931, Haltestelle Luitpoldstraße

Traumblick mit Rosenduft

51 *Rosengarten in der Neuen Residenz*

Geht man durch die große Toreinfahrt der Neuen Residenz, gelangt man zunächst in den Innenhof mit einer von Kletterrosen bewachsenen Mauer. Man braucht nur dem Duft zu folgen, und nach wenigen Schritten steht man mitten im herrlichen Rosengarten. Bereits für das 17. Jahrhundert konnte an dieser Stelle ein Garten nachgewiesen werden. Im Zuge des Neubaus der fürstbischöflichen Residenz im 18. Jahrhundert beauftragte Fürstbischof Friedrich Carl von Schönborn, den Garten nach den Plänen des Baumeisters Balthasar Neumann in eine barocke Anlage umzuwandeln. Als reizvoller architektonischer Blickpunkt ergänzte der Hofarchitekt Johann Jakob Küchel einen Gartenpavillon, und Höhepunkt war die Ausstattung mit Skulpturen des Hofbildhauers Ferdinand Tietz aus dem Themenkreis der antiken Mythologie. Sie vermitteln bis heute noch spielerisch den Geist des Rokokos. Das aktuelle Erscheinungsbild des Rosengartens resultiert im Wesentlichen aus der Umgestaltung im 19. Jahrhundert. Die große Förderin der Rosenzucht und Sammlerin Kaiserin Joséphine Bonaparte galt in Adelskreisen als Vorbild, und daraufhin legte man die ersten Rosengärten an. So gilt der Bamberger Rosengarten als einer der ersten Rosarien Frankens, das heißt einer Anlage, in der verschiedene Rosensorten gesammelt wurden. Der Mittelpunkt des heutigen Rosengartens bildet ein zentrales Wegekreuz mit einer runden Brunnenanlage, umgeben von Ruhebänken unter schattigen Lindenbäumen. In den buchsbaumgefassten Beeten wachsen 4500 Rosenstöcke von 50 verschiedenen Sorten, die ganz besonders an Sommertagen ihren zarten Duft verströmen. Darunter die weltbekannte gelb blühende „Gloria Dei", auch „Peace" genannt. Sie wurde bei der ersten Vollversammlung der Vereinten Nationen jedem Delegierten als Zeichen des Friedens überreicht. Von der Balustrade hat man einen herrlichen Blick über die Dächer der Altstadt. Oder man gönnt sich auf der Terrasse des Cafés im Rosengarten eine kulinarische Genusspause inmitten einer traumhaften Kulisse.

TIPP Stimmungsvolle Rosengartenserenaden im Sommer zu ausgewählten Terminen.

Neue Residenz, Domplatz 8, 96049 Bamberg
www.residenz-bamberg.de
ÖPNV: Bus 910, Haltestelle Domplatz

Bildung öffnet die Welt

52 *Volkshochschule Bamberg*

Ein Wohlfühltag, der mit einem Klangkonzert endet, ein Aquarellmalkurs, ein Tanzworkshop, neue Rezepte aus fernen Ländern ausprobieren oder für die nächste Reise die Landessprache erlernen. All dies und viel mehr bietet die Volkshochschule im Alten E-Werk. Das Gebäude wurde ursprünglich 1901 als Elektrizitätswerk unter dem damaligen Stadtbaurat Hans Jakob Erlwein errichtet. Durch seine Weitsicht gelang es, den Industriebau unaufdringlich in die gewachsene Struktur der Altstadt einzufügen und gleichzeitig einen städtebaulichen Akzent direkt an der Regnitz zu setzen. Doch Anfang der 1980er-Jahre wäre das Gebäude fast abgerissen worden, hätten nicht einige mutige Gegner das Haus besetzt und einen Umdenkungsprozess eingeleitet. Nach einer denkmalgerechten Sanierung konnte 1988 die Städtische Volkshochschule in das Industriedenkmal einziehen. Heute nimmt die Erwachsenenbildungsstätte einen wichtigen Stellenwert im Kulturleben der Stadt ein. Das halbjährlich erscheinende Programm bietet eine umfangreiche Auswahl an Kursen aus den Themenbereichen Gesundheit und Fitness, Kochen und Genießen sowie Gestalten und Musizieren. Ein breit gefächertes Spektrum an Themen aus Politik und Gesellschaft, Kunst und Kultur bildet ebenso einen wichtigen Bestandteil innerhalb der Weiterbildung. Die thematisch vielfältigen Vorträge erfreuen sich großer Beliebtheit und sind immer gut besucht. Theater, Konzerte, Kabarett und Ausstellungen runden das Programm ab. Und wenn es an Sommertagen die Kursteilnehmerinnen und Kursteilnehmer eher hinauszieht, dann kann der Kursbetrieb auch mal auf die Terrasse an der Regnitz verlagert werden. Oder man nimmt an einer der spannenden Führungen teil. Weiterbildung eröffnet neue Welten und bietet eine Fülle von Möglichkeiten, die persönlichen Erfahrungsräume zu erweitern. Weiterbildung heißt aber auch, sich in einer Gemeinschaft Gleichgesinnter zu treffen und sich auszutauschen. Ein Glücksort auf vielfältigen Ebenen.

TIPP Im Programm findet man auch zahlreiche Einzeltermine.

Volkshochschule Bamberg Stadt, Tränkgasse 4, 96052 Bamberg
www.vhs-bamberg.de
ÖPNV: Bus 901, 902, 907, 911, 914, 931, Haltestelle Luitpoldstraße

Live und hautnah

53 *Jazzclub Bamberg*

Die Liebe zum Jazz verbindet Hörer und Musiker über Grenzen hinweg. So ist auch der Bamberger Jazzkeller lokal, aber auch international. In dem denkmalgeschützten Gebäude befand sich ehemals die „Büttnerei zum Grünen Wald", danach eine Gesellschaftsbrauerei. Geht man durch den Torbogen, so findet man gleich rechts eine eher unscheinbare Tür. Ist sie am Wochenende spätabends geöffnet, dann gibt es Jazz live und hautnah. Eine steile Treppe führt hinunter in die Kellerräume, und dort treffen sich alteingesessene Jazzfreunde, aber auch Gäste aus nah und fern, in einer familiären, aber auch weltoffenen Atmosphäre. Die Jazzliebhaber schätzen das Flair bei Livemusik und einem Glas Wein oder Bier. Das Programm kann sich durchaus mit renommierten Spielorten in anderen Städten messen. Zu Gast sind internationale, nationale und lokale Jazzgrößen. Es spielen Mitglieder der Bamberger Symphoniker, die sich der Sparte Jazz verschrieben haben, aber auch Lokalgrößen, die sich über Jahre einen Namen gemacht haben. In der langen Liste der prominenten Jazzgrößen, die im Club schon zu Gast waren, findet man Namen wie Till Brönner, Klaus Ignatzek und Wolfgang Dauner. Hier kann man Livemusik erleben, hautnah, unmittelbar und mitreißend. Gerade Jazz ist eine Musik, die aus dem improvisierten Zusammenspiel, aus dem Augenblick heraus entsteht und für den Liveauftritt geradezu prädestiniert ist. Bedingt durch die kleine Bühne sitzen die Zuschauerinnen und Zuschauer ganz dicht am Geschehen, und in den Pausen trifft man sich in lockerer Atmosphäre an der Getränkebar. Konzerte finden in den Monaten September bis Mai statt, jeweils am Freitag oder Samstag. Am ersten Mittwoch des Monats gibt es außerdem eine Jazzclub-Session und in den Sommermonaten geht es hinaus zu verschiedenen Open-Air-Veranstaltungen.

TIPP

Tolle Atmosphäre beim „Jazz- and Bluesfestival" im August auf der Böhmerwiese in der Gärtnerstadt.

Jazzclub Bamberg e. V., Obere Sandstraße 18, 96049 Bamberg
www.jcbamberg.de
ÖPNV: Bus 910, Haltestelle Elisabethenstraße, ab 20 Uhr ALT (Anruflinientaxi)

jazz
CLUB
BAMBERG

Lauter Lieblingsstücke

54 *Werkstattladen Mode Macht Mut*

Individuelle Kleidungsstücke und Accessoires als handgefertigte Unikate, das findet man im Werkstattladen „Mode Macht Mut“, einem gemeinnützigen Projekt der Sozialen Betriebe der Laufer Mühle. Der Name ist Programm. Das Projekt unterstützt Frauen unterschiedlicher Herkunft und Nationalität auf ihrem Weg aus der Langzeitarbeitslosigkeit, bedingt durch eine fehlende Ausbildung und mangelnde Deutschkenntnisse. Mittlerweile ist Upcycling in aller Munde, hier war es von Anfang an Konzept. Mit viel Sorgfalt und Liebe zum Detail fertigen die Frauen aus gespendeten Stoffen, Spitzen, Bändern und Kurzwaren neue Outfits. Sie nähen außergewöhnliche Damen- und Kinderkleidung, Taschen aller Art, Kissen und originelle Stofftiere. Durch die unterschiedlichen Nationalitäten werden traditionelle Handarbeitstechniken mit eingebracht, wie Strick- und Häkelarbeiten, Stickereien und Applikationen. Die unterschiedlichen Nähkenntnisse werden mittels Learning by doing ausgeglichen, sodass alle Mitarbeiterinnen ihre Fertigkeiten erweitern können. Gleichzeitig haben sie die Möglichkeit, ihre Deutschkenntnisse zu verbessern und sich untereinander auszutauschen. „Mode Macht Mut“ hat längst einen festen Platz im Leben der Stadt eingenommen, und man präsentiert die neue Kollektion in Zusammenarbeit mit städtischen Institutionen in beeindruckenden Modeschauen, die von den Frauen ebenfalls mitgestaltet und durchgeführt werden. Viele Motive aus der Geschichte der Stadt sind bereits als neu interpretierte gestalterische Details in die Kleidungsstücke verarbeitet worden. Einzigartig sind die Kollektionen von Schürzen, insbesondere der Gärtnerschürzen als Hommage an die Gärtnerstadt. Man findet sie immer wieder neu in einer unendlichen gestalterischen Vielfalt und sie sind mittlerweile zu einem Markenzeichen geworden. Alle Unikate kann man käuflich erwerben und sicher findet hier jeder sein ganz individuelles Lieblingsstück.

Mode Macht Mut, Luitpoldstraße 25, 96052 Bamberg
www.sozialebetriebe-laufermuehle.de
ÖPNV: Bus 901, 902, 907, 911, 914, 931, Haltestelle Luitpoldstraße

Mit Raffinesse veredelt

55 *Storath Chocolatier*

Mit dem Werbeslogan „Der kleine Luxus“ verführt die Confiserie Storath den Gaumen mit feinsten Kreationen aus Schokolade. Bereits die Schaufenster und der Laden sind ein Erlebnis für alle Sinne. Alles in dunklen Holztönen gehalten, findet man unter dem Schein der Kronleuchter die Schokoladenköstlichkeiten in einer großen Glastheke präsentiert. Es gibt Pralinen in allen Formen, Farben und Geschmacksnuancen nach hauseigenen Rezepturen meisterlich kreiert. Edel verpackt in immer wieder wechselnden Farben und Designs, liegen die Pralinenschachteln in verschiedenen Größen kunstvoll gestapelt auf den mittig stehenden Tischen. Unter dem zartschmelzenden Genuss findet man eine Rosenpraline, einen Champagnertrüffel, eine Tonka Praline oder eine Verführung aus 1001 Nacht, aber auch ganz klassische Edelvollmilch-Mandelsplitter oder Nougatbissen. In der hauseigenen Manufaktur entstehen immer wieder neue schokoladige Verführungen mit verlockenden Geschmackserlebnissen sowie saisonale Spezialeditionen. Zu Ostern sind es Pralineneier und Edelbitter-Osterhasen, dann folgt eine fruchtige Sommeredition mit weißer Schokolade und im Winter verlockt eine würzige Weihnachtsedition. Ebenfalls zum Angebot gehört die handgefertigte verpackte Tafelschokolade aus auserlesenen Rohstoffen. Man kann sie pur genießen oder alternativ verfeinert mit Walnüssen, Pfefferminz oder Limette. In der Theke findet man weitere handgefertigte Frischschokolade, raffiniert gewürzt mit Kardamom, Ingwer oder rosa Pfeffer. In der Confiserie Storath sollte man sich in einer der kleinen Sitznischen eine Genusspause gönnen mit einem Espresso und einer „Bambergerin“, bestehend aus einer Jamaica-Rum-Canache auf Pistazienedelmarzipan und Preiselbeer-Honig-Marmelade, darüber ein hauchdünner Überzug aus Edelbitterschokolade, garniert mit gehackten Pistazien. Das lässt jedes Schokoladenherz höherschlagen.

Storath Chocolatier, Lange Straße 24, 96047 Bamberg
www.storath.shop
ÖPNV: Bus 906, 910, 916, Haltestelle Lange Straße

NOUGAT AM STÜCK
ORANGEN SCHEIBE

56 „Das Meeting“ von Wang Shugang

Die Wiese am stark frequentierten Schönleinsplatz hat seit einigen Jahren einen neuen Blickfang hinzugewonnen. Leuchtendrot fällt die Installation „Das Meeting“ des chinesischen Künstlers Wang Shugang ins Auge und erfreut Einheimische und Besucher durch ihre offene Anordnung und Begehbarkeit. Innerhalb kürzester Zeit sind die acht hockenden, lebensgroße Figuren zu einem Treffpunkt und beliebten Fotomotiv geworden. Es ist ein Kunstwerk, das sich ohne Berührungsängste erobern lässt, Kunst zum Anfassen, Kunst, die man hautnah erleben kann. Die Installation wurde 2013 im Rahmen der Kunstausstellung „Circles – Kreise“ zum ersten Mal öffentlich präsentiert und konnte dank privater Initiativen und Spendengelder dauerhaft hier ihren Platz finden. Bei der Ausstellung wurden Werke international bekannter Künstlerinnen und Künstler im öffentlichen Stadtraum sowie in zahlreichen Kirchen und Museen gezeigt, die inhaltlich im Zusammenhang mit der 1000-jährigen Stadtgeschichte stehen. Wang Shugang ist ein chinesischer Gegenwartskünstler, der lange Zeit in Deutschland lebte. Heute ist er wieder in Peking zu Hause und seine Arbeiten werden regelmäßig in Einzelausstellungen in Deutschland und China gezeigt. Mit einzelnen Stücken war er schon weltweit in Gruppenausstellungen vertreten. In seiner stark reduzierten und stilisierten Formensprache kreisen die Themen seiner Kunst immer wieder um das Verhältnis von Individuum und Gemeinschaft, um Einsamkeit und Zusammenhalt. „Das Meeting“ ist eine seiner zentralen Arbeiten, und mit ihr gewährt er den Europäern einen Einblick in die chinesische Symbolik. Die Zahl acht ist in China eine Glückszahl und steht für die Vollkommenheit. Die Farbe Rot ist in der chinesischen Kultur fest verankert und symbolisiert Freude, Glück und Wohlstand. Shugangs künstlerische Vertretung in Deutschland ist der Galerist Alexander Ochs aus Berlin, ein gebürtiger Bamberger, womit sich hier der Kreis wieder schließt.

TIPP
Original italienisch! Das Stehcafé „Rondo“ gleich gegenüber.

Installation „Das Meeting“, Schönleinsplatz, 96047 Bamberg
www.gobamberg.de/sehenswuerdigkeiten/das-meeting
ÖPNV: alle Linien, Haltestelle ZOB

Reizvolle Landschaft

57 *Leinleitertal in der Fränkischen Schweiz*

Vor den Toren der Stadt liegt ein Paradies für Naturliebhaber und Wanderer. Die Fränkische Schweiz ist geprägt von schroff aufragenden Kalk- und Dolomitfelsen des Juras und tief eingeschnittenen Tälern. Nur wenige Kilometer von Bamberg entfernt gelangt man über den Teuchatzer Berg in das Leinleitertal. Die Leinleiter entspringt in 475 Metern Höhe oberhalb der Heroldsmühle in einem Trockental, einem Tal, das durch die Erosion des Wassers entstand. Bei Schneeschmelze oder starken Regenfällen bietet sich hier ein einzigartiges Naturschauspiel. Das Wasser sickert durch das Karstgestein, sammelt sich unterirdisch und tritt mit einer riesigen Fontäne wieder aus einer Felsöffnung hervor, von wo sich die gewaltigen Wassermassen hinunter ins Tal stürzen. Durch das Tal schlängelt sich die Leinleiter vorbei an den Ortschaften Oberleinleiter und Burggrub bis nach Heiligenstadt, begleitet von saftig grünen Wiesen, Kopfweiden und Relikten historischer Bewässerungsanlagen. Beiderseits der Leinleiter lädt eine reizvolle Landschaft zu Entdeckungen und ausgedehnten Wanderungen ein. Die Leinleiter fließt durch den Ortskern von Heiligenstadt mit dem historischen Marktplatz, geprägt von Fachwerkhäusern und der weithin sichtbaren evangelisch-lutherischen Pfarrkirche St. Veit und St. Michael. Hier lohnt sich ein Blick ins Innere der Kirche mit ihren reichen Malereien an der Decke und den Emporen.

TIPP Gscheitgut präsentiert auf seiner Homepage regionale Rezepte zum Nachkochen!

Wenige Kilometer südlich von Heiligenstadt liegt Veilbronn umgeben von markanten Felsformationen. Einkehren kann man in einem der typischen Landgasthöfe. Im Verein für regionale Esskultur „Gscheitgut“ steht der Landgasthof Lahner für kulinarische Vielfalt mit traditionell-regionalen bis hin zu kreativ-modernen Gerichten, unter Verwendung von regionalen Produkten und einem damit verbundenen nachhaltigen Umgang mit der fränkischen Kulturlandschaft. Dann sind es nur noch wenige Kilometer bis Gasseldorf, dort, wo die Leinleiter in die Wiesent fließt. Eine Landschaft, die rundum glücklich macht.

Leinleitertal, 91332 Heiligenstadt
www.fraenkische-schweiz.com, www.gscheitgut.de
ÖPNV: Bus 975, Haltestelle Heiligenstadt

58 *Krippe in der Oberen Pfarre*

In der Vorweihnachtszeit findet man in der Stadt und in der Region eine Vielzahl von Krippendarstellungen. Allein im Stadtbereich umfasst der Krippenweg über dreißig Stationen in Kirchen, Museen und auf Plätzen. Einer der Höhepunkte ist die Großkrippe in der Oberen Pfarre, deren älteste Figuren noch aus der Barockzeit stammen. Der Bestand wurde über die verschiedenen Epochen immer wieder erweitert und umfasst heute 178 Figuren, wobei nicht alle zur Aufstellung gelangen. Gezeigt wird ab dem ersten Advent ein Krippenzyklus mit den traditionellen Darstellungen der Verkündigung, Herbergssuche, Heiligen Nacht und Anbetung der Heiligen Drei Könige. Letztere ist eine der wenigen Stationen, die im neuen Jahr noch weitere Szenen zeigt, die über den Weihnachtszyklus hinausgehen. Der absolute Höhepunkt ist im Februar die Darstellung der Hochzeit zu Kana. Hier wird das Wunder der Verwandlung von Wasser zu Wein erzählt. Die biblische Geschichte wird in der Krippendarstellung zur Inszenierung eines rauschenden Hochzeitsfestes. Ein Hochzeitslader empfängt die zahlreichen Gäste in ihrer prachtvollen Festkleidung, die an der festlich geschmückten Tafel Platz nehmen. Für das Festmahl ist reichlich aufgetischt, dafür sorgen Bäcker und Metzger aus der Pfarrei, die allerlei Essbares in Miniaturformat herstellen. Das fängt an bei den fränkischen Krapfen über Gugelhupf, Hefeteigblechkuchen, Brote, Brötchen und Würste, Bamberger Hörnchen bis hin zu einer dreistöckigen Hochzeitstorte. Als letzte Krippenszene werden die Figuren aus dem Gleichnis von den klugen und törichten Jungfrauen ergänzt. Mit viel Liebe zum Detail und immer mit einem aktuellen Bezug widmen sich Ehrenamtliche dem Aufbau der Krippe und dem Umbau der Szenen. Natürlich haben auch die längst verstorbenen Bamberger Originale, der Vizeknorz und der Kreenhannes, hier ihren dauerhaften Platz gefunden. Und nicht zuletzt macht man sich auf die Suche nach der kleinen grauen Katze, die bei jeder Szene an einem anderen Ort sitzt.

TIPP Das Gleichnis der klugen und törichten Jungfrauen findet man auch außen an der Brautpforte.

Zu Unserer Lieben Frau, Frauenplatz 1, 96049 Bamberg
www.kirche-obere-pfarre-bamberg.de
ÖPNV: Bus 901, 908, 912, Haltestelle Schulplatz

Theatralische Zeitreise

59 *Theater der Schatten in der Alten Hofhaltung*

Will man die Geschichte der Stadt einmal anders erleben, so eröffnet das Theater der Schatten eine völlig neue Welt des Erzählens von Geschichte und Geschichten. In einer theatralischen Zeitreise werden 1000 Jahre Stadtgeschichte durch ein Wechselspiel von Licht und Schatten erlebbar gemacht. Das Licht schreibt die Choreografie, die Geräusche vermitteln Authentizität und die Dramaturgie wechselt zwischen Höhen und Tiefen. Gezeigt werden Szenen bedeutender historischer Ereignisse, aber auch alltäglicher Begebenheiten, von einem Sprecher stimmgewaltig erzählt, in einem Wechselspiel zwischen Intimität und Dramatik. Mit Gänsehaut und Begeisterung zieht das Geschehen die Zuschauerinnen und Zuschauer in den Bann. Durch das geschickte Einsetzen verschiedener Lichtquellen entstehen immer neue eindrucksvolle Bilder und Szenen. Silhouetten der Stadt gestalten den Hintergrund, bewegte Figuren werfen ihre Schatten voraus, und manchmal greift der Sprecher durch sein geschicktes Agieren in das Geschehen ein. Die freudvollen, aber auch dramatischen Ereignisse werden an dem Ort lebendig, wo einst in der realen Geschichte alles seinen Anfang nahm, in der Alten Hofhaltung auf dem Domberg. Die Alte Hofhaltung besteht aus den ehemaligen Wohn- und Wirtschaftsgebäuden der bischöflichen Residenz an der Stelle, wo sich vor 1000 Jahren die Pfalz von Kaiser Heinrich II. befand. Man betritt den beeindruckenden Innenhof mit seinen hochmittelalterlichen Fachwerkbauten und umlaufenden Laubengängen durch ein Renaissanceportal, die sogenannte „schöne Pforte". Gleich rechts befindet sich die Thomas- und Katharinenkapelle, deren älteste Teile in das Jahr 1020 zurückgehen. Nach einer langen wechselvollen Geschichte wurde dieses Kleinod von schlichter Eleganz zum Spielort des Schattentheaters.

TIPP Die Kunst das Schattenspielens kann man hier in Workshops erlernen.

Theater der Schatten, Katharinenkapelle, Domplatz, 96049 Bamberg
www.theater-der-schatten.de
ÖPNV: Bus 910, Haltestelle Domplatz, ab 20 Uhr ALT (Anruflinientaxi); Bus 901, Haltestelle Schranne

Biblia
Das ist die gantze
heilige Schrifft
Deudsch.
D. Mart. Luth.
Getruckt zů Augspurg durch
Heynrich Steyner.
M. D. XXXV

Gefiederte Schönheiten

60 *Vogelsaal im Naturkunde-Museum*

In den Räumlichkeiten des ehemaligen Jesuitenkollegs befindet sich eine einzigartige Kostbarkeit: der Vogelsaal, eines der ältesten original erhaltenen Naturalienkabinette weltweit. Der zweigeschossige Saal mit einer umlaufenden Galerie im frühklassizistischen Stil beeindruckt schon durch seine Größe. Die Vitrinen sind in die umlaufende Holzvertäfelung eingelassen, gekrönt von Büsten berühmter Naturforscher und Putten mit Fruchtgirlanden. Eine lange Reihe großer Schauvitrinen steht in der Raummitte. Die beherrschende Farbe ist das Weiß, nur die Innenwände der Vitrinen sind in einem Bergblau abgesetzt, das Glas noch mundgeblasen. Die Exponate zeigen bis heute unverfälscht den Blick auf die Natur vor 200 Jahren. Ganz im Zeichen der Aufklärung ließ der Fürstbischof Franz Ludwig von Erthal von seinem Hofarchitekten Lorenz Fink Ende des 18. Jahrhunderts ein Naturalienkabinett zu Studienzwecken für die Universität einrichten. Eine Schenkung nach Aufhebung des nahe gelegenen Klosters Banz und weitere Ankäufe ergänzten die Sammlung im 19. Jahrhundert. Der Schwerpunkt der Exponate liegt auf Südamerika, Afrika und Australien. Noch heute kann man sich erfreuen an einem stolzen Schwarzhals-Kronenkranich aus dem westlichen und nördlichen Zentralafrika mit seiner charakteristischen Federkrone, an einem Riesenturako, der 1888 erworben wurde, oder an einer Schneeeule aus dem Jahr 1858. Ebenso findet man den südamerikanischen Grünflügelara, eine der größten Papageienarten der Welt. Der Saal zeigt heute 800 Vogelarten in 1500 Präparaten. In den pyramidenförmigen Vitrinen befindet sich außerdem eine umfangreiche Sammlung an Kolibris, Eiern und Nestern. Ebenfalls sehenswert sind die etwa 200 hauchdünnen Wachsmodelle von Früchten, naturgetreu mit lasierenden Farben bemalt. Sie zeigen einheimische Sorten von Äpfeln, Birnen, Pflaumen und Kirschen aus der Zeit vom 18. zum 19. Jahrhundert, die heute nicht mehr angebaut werden.

TIPP Den Vogelsaal kann man mit der interaktiven APP ExpoNat entdecken.

Naturkunde-Museum Bamberg, Fleischstraße 2, 96047 Bamberg
www.vogelsaal.de
ÖPNV: Bus 904, 906, 910, 916, Haltestelle am Kranen oder Markusplatz

Barocke Prachtentfaltung

61 *Antiquitäten in der Karolinenstraße*

Die Karolinenstraße ist ein repräsentativer und belebter Straßenzug im Herzen von Bamberg zwischen dem Alten Rathaus und dem Domberg. Hier befinden sich im Umkreis von circa 500 Metern zahlreiche Antiquitätenläden. In Schaufenstern und Schauräumen der denkmalgeschützten Häuser präsentieren die Händler ein breites Spektrum an Kunstobjekten aus sieben Jahrhunderten. Das Angebot spannt sich von sakraler Kunst des Mittelalters, über Möbel aus verschiedenen Epochen bis hin zu Spiegeln, Lüstern, Porzellan und antiquarischen Büchern. Die Bebauung des Straßenzugs geht bis in das hohe Mittelalter zurück, und die Häuser wurden im 18. Jahrhundert prachtvoll barockisiert. So war es ganz im Sinne des Fürstbischofs Lothar Franz von Schönborn, als er ein Mandat zur Steuerbegünstigung für Bauvorhaben erließ, dass sich auch Angehörige des Adels „zur Zierde der Stadt" unterhalb des Dombergs ihre Stadthäuser errichteten. Bereits 1716 ließ sich Freiherr Heinrich Karl von Bibra von Johann Dientzenhofer ein Palais (Karolinenstraße 11) erbauen und Freiherr Christoph Marschalk von Ostheim auf Trabelsdorf baute sein Anwesen (Karolinenstraße 18) in den Jahren 1720/30 zu einem adeligen Stadtsitz um. Der historische Straßenzug bietet eine geradezu ideale Kulisse für erlesene Antiquitäten. Alljährlich laden die Kunsthändler im Juli und August zu den „Bamberger Kunst- und Antiquitätenwochen" ein, zeitgleich mit den Bayreuther Festspielen, aber als eigenständige Veranstaltung mit internationalem Publikum. Ein öffentliches Programm, sowohl für Einsteiger als auch für Kenner, lädt zu Vorträgen, Führungen und Konzerten ein. Besonders spannend sind die Ausstellungen zeitgenössischer Kunst als Gegenpol zu den auserlesenen Antiquitäten. Eine wahrlich adäquate Nutzung für einen geschichtsträchtigen Straßenzug. Zwischen den Geschäften des Antiquitätenhandels findet man kleine individuelle Lädchen und Ladencafés, die das Bummeln zu einem Erlebnis machen.

TIPP

Genusspause im „Café am Dom" mit schönen Außensitzplätzen.

Karolinenstraße 1–26, 96049 Bamberg
www.bamberger-antiquitaeten.de
ÖPNV: Bus 906, 910, 916, Haltestelle Am Kranen

Ein Blütenmeer

62 *Die Haingögerla*

Wenn man bei den ersten Frühlingssonnenstrahlen einen Hainspaziergang unternimmt, findet man auf den lichtüberfluteten Böden unter den noch kahlen Gehölzen die ersten Frühblüher. Zu den ersten Frühlingsboten zählen die Schneeglöckchen, die Winterlinge und das Scharbockskraut. Zwischen März und Anfang April legt sich das weiß-violette Blütenmeer des Lerchensporns über den noch feuchten Waldboden. Die griechische Bezeichnung der Haubenlerche stand Pate für den wissenschaftlichen Gattungsnamen „Corydalis". Daneben sind eine Vielzahl volkstümlicher Bezeichnungen dokumentiert und in Bamberg werden sie „Haingögerla" genannt. Der Lerchensporn wächst in Laubwäldern vorwiegend in Süddeutschland auf einem lockeren nährstoffreichen Boden. Dort, wo sich die bescheidene Wildpflanze wohlfühlt, bildet sie im Laufe der Jahre große Bestände, die sich wie ein farbenprächtiger Blütenteppich über den gesamten Waldboden ausbreiten. Nach der Blüte bildet sich aus der alten Knolle unter der Erde ein neuer Spross, dadurch wandert die Pflanze immer ein kleines Stückchen weiter. Und es liegt der Duft von Bärlauch in der Luft! Sowohl die Blätter als auch die sternförmigen weißen Blüten verströmen ihren markanten Geruch. Die blühenden Bodendecker ziehen sich zurück, wenn sich das Blätterdach der Bäume schließt. Der Hain, ursprünglich ein Auenwald, konnte sich trotz vielfältiger Nutzung bis heute seine Naturnähe bewahren. In dem umfangreichen Bestand an Altbäumen wie Stieleiche, Esche, Ulme und Bergahorn finden bis zu 51 Vogelarten mannigfaltige Lebensräume. Die rissigen Borken bieten wiederum Lebensraum für seltene Käferarten. Neben den waldartigen Bereichen besitzt der Hain auch artenreiche Flachlandmähwiesen, die im Frühjahr und Sommer ebenso wahre Blütenteppiche bilden. Zum Schutz dieser Artenvielfalt werden die Wiesen nur ein bis zwei Mal im Jahr gemäht. Seit dem Jahr 2002 ist der Bamberger Hain ein Schutzgebiet von europäischem Rang.

Bürgerpark Bamberger Hain, 96047 Bamberg
www.hainapp.de
ÖPNV: Bus 909, Haltestelle Willy-Löhe-Heim

63 *Bauernmuseum in Frensdorf*

Es ist noch gar nicht so lange her, da waren die Dörfer von Bauernhöfen geprägt, doch das Leben von damals ist bereits weitgehend in Vergessenheit geraten. Authentisch erleben kann man einen solchen bäuerlichen Betrieb mit seinen Lebens- und Arbeitsbedingungen im Bauernmuseum in Frensdorf. Frisch und modern lädt die gestreifte Kuh, das Logo des Museums, zu einer Zeitreise ein. Der Dreiseithof umfasst das ehemalige Wohnstallhaus, eine Scheune, einen Backofen und ein Austragshaus, das war ein kleineres Wohnhaus für die ältere Generation. Die Einrichtung des Wohnhauses vermittelt mit einer farbenfrohen Schablonenmalerei und den originalen Möbeln die ländliche Wohnkultur aus der Zeit um 1920. Ein besonderer Anziehungspunkt ist der große Museumsgarten, er lädt mit Duftpflanzen, Kräutern und verschiedenen Zierpflanzen zum Verweilen ein. Vor etwa 15 Jahren begann man im Gemüsegarten, die handelsüblichen Sorten durch historische Arten zu ersetzen. Heute kultiviert man die Kartoffel „Rosa Tannenzapfen", die Tomate „Schlesische Himbeeren" oder den purpurrot schimmernden Rosenkohl „Rubin". Einen besonderen Schwerpunkt bildet der Anbau vergessener Salatpflanzen. Wer kennt schon Salatsorten mit den Namen „Teufelsohr", „Hirschzunge", „Forellenschuss" oder „Trotzkopf"? Das Bauernmuseum bietet neben der Dauerausstellung jährlich wechselnde Sonderausstellungen zu den Themen Volkskultur und Heimatpflege. Weitere Schwerpunkte sind die Förderung des Trachtenwesens und die Entwicklung einer erneuerten Bamberger Tracht. Auf dem jährlich im Museum stattfindenden „Oberfränkischen Trachten- und Spezialitätenmarkt" gibt es eine Fülle an Stoffen und Trachtenzubehör. All das gesammelte Wissen können Erwachsene in Workshops erlernen, vom Trachtennähkurs über einen Knopfwickelkurs bis zum Spinnen, Klöppeln und Sticken. Kindern zeigt man das Leben von anno dazumal beim Brotbacken und Buttern. Hier kann man eintauchen in eine vergangene Zeit und sich vielleicht etwas für die Gegenwart bewahren.

TIPP Das Bauernmuseum bietet ein umfangreiches museumspädagogisches Programm.

Bauernmuseum Bamberger Land, Hauptstraße 3–5, 96158 Frensdorf
www.bauernmuseum-frensdorf.de
ÖPNV: Regionalbus 983, Haltestelle Frensdorf Schule

Leberkäs' in der Dose

64 *Metzgerei Liebold*

Für „a Leberkäsbrödla" pilgern sowohl Einheimische als auch Touristen in die Sandstraße zur Metzgerei Liebold. Hinter dem unvergleichlichen Geschmack verbirgt sich ein altes Familienrezept. So viel ist bekannt: Entscheidend ist die Qualität der Rohstoffe. Verwendet wird Fleisch ausschließlich aus dem Schlegel von Schweinen der Region, hinzu kommen hochwertige Gewürze in einem wohlgehüteten geheimen Mischungsverhältnis. Das Brötchen kommt von der Bäckerei Seel, die sich nur wenige Schritte weiter in der Dominikanerstraße befindet. Gleich daneben steht die historische Brauerei Schlenkerla, in der das gleichnamige Rauchbier ausgeschenkt wird. Hier wird außerhalb der Essenszeiten nach wie vor der alte Brauch zelebriert, eine mitgebrachte Brotzeit in der Brauereigastwirtschaft zu verspeisen So kann man das Brötchen der Bäckerei Seel mit dem würzigen Leberkäse der Metzgerei Liebold zusammen mit einem Schlenkerla-Rauchbier in der Gaststätte genießen. Alles harmoniert wunderbar miteinander und stimmt ein auf einen großartigen Glückstag. Wer auf den Geschmack gekommen ist, kann sich den Leberkäse auch in der Dose zum Aufbacken für zu Hause mitnehmen. Wählen kann man zwischen verschiedenen Geschmacksrichtungen von klassisch bis feurig. Aber auch ganz neue Varianten sind hinzugekommen, wie der Dreikäsehoch mit Cheddar, Regato und Mozzarella oder eine griechische Variante mit Oliven und Schafskäse. Natürlich gibt es noch weitere typisch fränkische Spezialitäten wie den Zwetschgenbames, das ist ein über Zwetschgenholz geräucherter Rinderschinken, der hauchdünn aufgeschnitten und fächerartig auf dem Teller angerichtet wird. Die Genussregion Oberfranken ist in die Liste zum Erhalt des immateriellen Kulturerbes als Beispiel der guten Praxis eingetragen und hat gleich drei Weltrekorde zu verzeichnen: Gemessen an der Einwohnerzahl gibt es hier die meisten Bäckereien und Konditoreien, Metzgereien und Brauereien weltweit. Genuss ist angesagt!

Metzgerei Liebold, Obere Sandstraße 10, 96049 Bamberg
www.liebolds-leberkaes.de
ÖPNV: Bus 906, 910, 916, Haltestelle Am Kranen

Unser Angebot
Fränkische
Spezialität
Zwetschgenbames
LIEBOLD'S LEBERKÄS

Im Traumparadies

65 *Hofstadt-Gärtnerei Carmen Dechant*

Die Hofdurchfahrt dieses typischen Gärtnerhauses ist gleichzeitig der Hofladen. Hier stapeln sich die Kisten gefüllt mit Gemüse und Früchten. Hier lagern Zwiebeln, Knoblauch und Tomaten neben Feigen, Physalis und Goji-Beeren. Auf den Tischen reihen sich Gläser mit hauseigenen Spezialitäten wie Chutney, Knoblauchöl, Himbeeressig und Kräutersalz aneinander, daneben handverarbeitete Kräutertees aus unbehandelten Blättern mit den verheißungsvollen Namen „Seelenwärmer" oder „Ewig Leben". Marmeladen und Honig von den hauseigenen Bienenstöcken ergänzen das reichhaltige Angebot. Geht man nur wenige Schritte weiter durch das hintere Tor, dann eröffnet sich ein wahres Paradies mit einem unendlichen Blütenmeer von Beet- und Balkonpflanzen und einem Ausblick, der bis zur Silhouette der Bergstadt mit Dom, Altenburg und Michelsberg reicht. In den Gewächshäusern wachsen verschiedene Chilisorten, wie die Habaneros oder die grünen Jalapeno, die zu hauseigenen Spezialitäten verarbeitet werden. Für schärfeverwöhnte Gaumen bedeutet das hausgemachte „Pesto Inferno" oder die „Grüne Hölle" auch einen Glücksmoment. In der Hofstadt-Gärtnerei schwört man auf Jiaogulan, das Kraut der Unsterblichkeit, zur Bewahrung der Gesundheit als höchstes Gut. Gepflanzt wird nach dem Mondkalender, das heißt, man richtet sich beim Aussäen, Pikieren und Topfen nach den verschiedenen Mondphasen. Der Tagesablauf jedoch ist bestimmt von der Saison und der Wetterlage. Das Gärtnern ist hier mit einer großen Leidenschaft verbunden ganz nach dem Motto „Willst Du ein Leben lang glücklich sein, werde Gärtner". Glück bedeutet für Carmen Dechant Arbeit in der freien Natur mit viel Liebe und Leidenschaft und in inniger Verbundenheit zusammen mit ihrem Mann. Trotz der vielen Arbeit und so manchem Verzicht hat sie hier in der Gärtnerei ihr Glück gefunden. Das macht die Hofstadt-Gärtnerei zu einem ganz besonderen Ort der Naturverbundenheit und zu einem Glücksort mit Herzensnähe.

TIPP

Genuss-Körbla, saisonal und regional gefüllt, um „Heimat zu genießen".

Hofstadt-Gärtnerei, Heiliggrabstraße 37 a, 96052 Bamberg
www.hofstadt-gaertnerei.de
ÖPNV: Bus 901, 902, 907, 911, 914, 931, Haltestelle Luitpoldstraße

Eine Oase der Ruhe

66 *DaCaBo am Heumarkt*

Abseits der Fußgängerzone liegt an dem eher geruhsamen Heumarkt das „DaCaBo“, das Café Botero. Namensgeberin ist die Bronzeskulptur „Liegende mit Frucht“ des kolumbianischen Künstlers Fernando Botero, die schon weithin sichtbar die Besucher empfängt. Die Skulptur war 1998 Teil der ersten Großskulpturenausstellung, und durch Spendengelder erworben hat sie hier seit 2001 ihren dauerhaften Standort gefunden. Mit ihrer Körperfülle und ihren sinnlichen Reizen hat sie sehr schnell die Herzen von Bambergern und Gästen erobert und darf nun zu Recht zu den Glücksorten gezählt werden. Die mittlerweile angesetzte grüne Patina der Bronze harmoniert wunderbar mit den grünen Sonnenschirmen im Außenbereich des Cafés. Hier kann man sich in den warmen Sommermonaten, mitten in der Stadt und doch abseits von jeglichem Trubel, mit einem Drink in der Lounge entspannen. Das DaCaBo ist nicht nur einfach ein Café, sondern bietet auch aufgrund der ruhigen Lage einen Ort des Rückzugs, aber auch einen Ort der Begegnung und des Austausches, Letzteres auch bedingt durch die nahe gelegene Universität. In der kühleren Jahreszeit bietet der Innenraum eine sachlich-elegante Atmosphäre mit Holzbänken und kleinen Tischen, ergänzt mit Stühlen oder bequemen Sesseln. Das Angebot reicht von einer umfangreichen Frühstückskarte, darunter auch ein kolumbianisch inspiriertes Frühstück, als Hommage an die Namensgeberin, oder ganz außergewöhnlich ein äthiopisches Frühstück. Es gibt eine feste Speisekarte mit leichten Gerichten oder Snacks, aber auch eine Tageskarte mit wöchentlich wechselnden Gerichten. Auf Geschmack und Qualität legt man großen Wert und so wird alles mit saisonalen Produkten aus der Region frisch zubereitet. Durch die Vielfalt der Speisen kann man zu jeder Tageszeit hier einkehren und glückliche Momente der Entspannung mitten in der Stadt genießen.

TIPP

Die Stadt auf dem Weg moderner Skulpturen erkunden. Information unter www.villa-concordia.de.

Café DaCaBo, Heumarkt 7, 96047 Bamberg
www.dacabo-bamberg.de
ÖPNV: Bus 904, 906, 910, 916, Haltestelle am Kranen oder Markusplatz

Flanierend entschleunigen

67 *Die Stengelallee*

Der schmale Damm zwischen dem linken Regnitzarm und dem Hollergraben bildet das Eingangstor zum Bürgerpark Hain und ist zugleich der Beginn eines der schönsten Spazierwege entlang der Regnitz, bis hin zur Buger Spitze. Hier befand sich über Jahrhunderte ein Auwald im Besitz des Domkapitels, der als Lehen an die Müller ausgegeben wurde. Lange Zeit waren Gärten nur ein Privileg des Adels, des Klerus und des wohlhabenden Bürgertums. Doch Anfang des 19. Jahrhunderts war es ganz im Sinne des Zeitgeistes, den Auwald in einen Bürgerpark nach Vorbild eines englischen Landschaftsparks umzuwandeln. Hierfür verantwortlich zeigte sich der Vizepräsident der kurfürstlichen Landesdirektion, Stephan Freiherr von Stengel. Er war geprägt von einem hohen Sinn für Gartenkunst und verfolgte bereits in seiner Münchner Zeit die Arbeiten am dortigen Englischen Garten. Seine Aufgabe war es, den neuen Volkspark mit der Stadt zu verbinden. Auf seine Veranlassung wurde der schmale Damm jenseits der Walkmühle als eine von Linden gesäumte Allee angelegt, die heute seinen Namen trägt. Einige der Linden stammen noch aus der Pflanzung von 1803 und gehören zu den ältesten Bäumen der Parkanlage. An heißen Sommertagen kann man in ihrem Schatten entspannt dem Geist des Flanierens nachspüren. Die Zauberformel heißt sinnliches Erleben durch gemäßigtes Tempo, die Natur genießen, durch die Entschleunigung eine scheinbar vertraute Umgebung neu wahrnehmen und dabei Glücksmomente erleben. So entdeckt der aufmerksame Spaziergänger zwischen den Bäumen eine Kugel an stählernen Bändern, die über dem Wasser der Regnitz zu schweben scheint. Die Skulptur mit dem Titel „Ängstlicher Mond“ ist eine Arbeit des portugiesischen Künstlers Rui Chafes und eine Schenkung an die Stadt Bamberg im Rahmen der Großskulpturenausstellung 2018. Es scheint, als wäre der Mond schon immer an dieser Stelle gewesen.

TIPP

Am Ende der Allee findet man das „Bootshaus" mit einem Biergarten direkt an der Regnitz.

Am Mühlwörth, 96047 Bamberg
www.hainapp.de
ÖPNV: Bus 901, 908, 912, 918, Haltestelle Schillerplatz, Fußweg 10 Minuten

Schöner Schein

68 *Kuppel in der Martinskirche*

Am Grünen Markt fällt sofort die barocke Fassade der Martinskirche mit ihrem Licht- und Schattenspiel ins Auge. Ursprünglich wurde die Kirche als Jesuitenkirche erbaut. Nach ihrer Weihe im Jahr 1693 erfolgte die Grundsteinlegung eines Jesuitenkollegs, das sich hinter der Kirche befand.

Für den Kirchenbau verantwortlich zeichneten die Brüder Georg und Leonhard Dientzenhofer, Sprosse der bedeutenden Baumeisterfamilie. Mit dem barocken Kirchenbau schufen sie ein völlig neues Raumgefühl. Man betritt eine breit angelegte Wandpfeilerkirche, die von einem weiten Gewölbe überspannt wird. Auf den ersten Blick glaubt man, eine Deckenkuppel vor dem Altarbereich zu sehen. Beim zweiten Blick jedoch erkennt man, es ist nur eine Illusion, eine meisterlich gemalte Scheinkuppel. Diese sogenannte Quadraturmalerei, die Raumillusionen erzeugt, war erst durch die Erfindung und Weiterentwicklung der Perspektive möglich, konstruiert von dem Jesuiten und Architekten Andrea Pozzo. Seine Scheinkuppeln findet man in den bedeutenden Jesuitenkirchen in Rom und Wien. Um 1700 veröffentlichte er seine Studien in einem zweibändigen Werk, die zu einer weitverbreiteten Vorlage wurden. Die Bamberger Scheinkuppel malte der aus der Lombardei stammende Giovanni Franceso Marchini nach Plänen von Andrea Pozzo. Er erwarb sich damit einen hervorragenden Ruf, der ihm zahlreiche Folgeaufträge einbrachte. Endgültig entlarven kann man diese optische Täuschung am Standort vor dem Altarbereich mit dem Blick zurück in Richtung Kirchenraum.

Heute ist die Martinskirche eine Pfarrkirche im Zentrum der Inselstadt. Nach Auflösung des Fürstbistums Bamberg wurde die gotische Kirche Alt St. Martin auf dem Maxplatz 1805 abgerissen und das Patrozinium auf die ehemalige Jesuitenkirche übertragen. In den Räumlichkeiten des ehemaligen Jesuitenkollegs sind heute Teile der Universität untergebracht.

TIPP Hinter der Martinskirche befindet sich ein Innenhof mit einem etwa 250 Jahre alten Schwarznussbaum.

St. Martin, Grüner Markt 19, 96047 Bamberg
www.kirche-stmartin-bamberg.de
ÖPNV: alle Linien, Haltestelle ZOB

Auf den Spuren des Silvaners

69 *Auf dem Abt-Degen-Steig*

Nur wenige Kilometer westlich von Bamberg, da wo Bierfranken auf Weinfranken trifft, führt der Abt-Degen-Steig zwischen den Steilhängen der Weinterrassen über alte Winzertreppen von Steinbach, einem Ortsteil von Ebelsbach, bis nach Zeil am Main. Der Wegeverlauf bietet herrliche Ausblicke über das Maintal, landschaftlich gelegen zwischen dem Naturpark Steigerwald und der Kulturlandschaft Haßberge. Wählen kann man zwischen verschiedenen Startpunkten und Streckenvarianten, geleitet von der Markierung eines „Grünen Bocksbeutels". Eines der Leitmotive sind die traditionsreichen Weinberghäuschen, die ursprünglich zur Aufbewahrung von Gerätschaften zur Bewirtschaftung des Weinberges dienten. Bereits Anfang des 11. Jahrhunderts wurden die Steilhänge um Zeil am Main von den Mönchen des Bamberger Klosters Michelsberg bewirtschaftet. Den heutigen Namen verdankt der Steig dem in Zeil am Main geborenen Alberich Degen, Abt des nahe gelegenen Zisterzienserklosters Ebrach. Er brachte 1665 die Silvanerrebe von Österreich nach Franken und baute sie erfolgreich an. Die eigentliche Erfolgsgeschichte des Silvaners begann im 19. Jahrhundert, im 20. Jahrhundert wurde sie zur wichtigsten Rebsorte in Deutschland. Die Südhänge und der nährstoffreiche Keuperboden bieten im Abt-Degen-Weintal ideale Voraussetzungen. Zahlreiche Standorttafeln am Wanderweg vermitteln geologische Informationen, geben Erläuterungen zu den Weinsorten und ihrem Anbau. Durch die Besonderheiten der Weinlage trägt jeder Tropfen die persönliche Handschrift des jeweiligen Winzers. Bewirtschaftung, Pflege und Traubenlese auf den oft nur schwer zugänglichen Steilhängen erfolgt nach wie vor überwiegend in reiner Handarbeit und erfordert größte Sorgfalt. Die Winzer tragen somit zum Erhalt der Kulturlandschaft bei. Genießen kann man den edlen Tropfen in der ortsansässigen Gastronomie. Viele wunderbare Ausblicke über das Maintal bis nach Bamberg begleiten diesen Ausflug.

Abt-Degen-Steig, 97475 Zeil am Main
www.abt-degen-weintal.de
ÖPNV: RB, Haltestelle Ebelsbach/Eltmann oder RE, Haltestelle Zeil a. Main

Die große weite Welt

70 *Main-Donau-Kanal*

Bamberg zeigt sich auch großstädtisch. Drei moderne Brücken führen heute im inneren Stadtbereich über den rechten Regnitzarm von der Inselstadt in die Gärtnerstadt. 1992 wurde nach über dreißig Jahren Bauzeit das letzte Teilstück des Main-Donau-Kanals fertiggestellt. Er verbindet Kehlheim an der Donau im Süden mit dem Main bei Bamberg im Norden und ist Teil des Europakanals, einer durchgehenden Großschifffahrtsstraße zwischen der Nordsee bei Rotterdam und dem Schwarzen Meer bei Constanta. Von der Kettenbrücke aus hat man einen guten Blick bis in das Hafengelände mit den dazugehörigen Gebäuden. Neben der großen Bedeutung als Frachthafen gehört Bamberg heute in die Topliste der europäischen Flusskreuzfahrtziele mit Gästen aus der ganzen Welt. In jüngerer Zeit bestand die Notwendigkeit, die Brücken über den Main-Donau-Kanal zu erneuern, sodass im Zeitraum zwischen 2004 und 2010 die Luitpoldbrücke, die Löwenbrücke und die Kettenbrücke komplett neu erbaut wurden. Die Kettenbrücke ist die älteste Verbindung, sie wurde bereits im 14. Jahrhundert erstmals erwähnt. Im 18. Jahrhundert war die prachtvolle vierbogige Seebrücke nach Plänen des Hofarchitekten Johann Jakob Küchel zugleich der Anfang einer barocken Achse, die von der bürgerlichen Inselstadt zur geistlichen Bergstadt führte. Sie wurde ebenso wie die Untere Brücke beim Alten Rathaus 1784 bei einem verheerenden Hochwasser zerstört. 1829 erbaute man eine schmiedeeiserne Kettenbrücke, wegweisend für den technischen Fortschritt. Aufgrund ihrer Konstruktion erregte sie großes Aufsehen und sie gilt als Vorbild für die Brooklyn Bridge in New York. Die Kettenbrücke wurde zur Namensgeberin für alle weiteren Brückenbauten dieser Art. Als mittlere der drei Brücken bietet sie den schönsten Blick auf Bambergs Moderne. Zahlreiche Sitzgelegenheiten laden zum Verweilen ein und man kann in Gedanken reisen zwischen der Nordsee und dem Schwarzen Meer.

TIPP Ein Gedenkstein am Brückenkopf erzählt die Geschichte der Kettenbrücke.

Kettenbrücke, 96052 Bamberg
ÖPNV: alle Linien, Haltestelle: ZOB

OLYMPIA
BÜROMÖBEL

Kleinod mit Überraschung

71 *St. Elisabeth im Sand*

Die Sandstraße ist geprägt von denkmalgeschütztem Baubestand mit einer traditionellen Mischnutzung bestehend aus Wohnen, Arbeit, Einzelhandel und Gastronomie. Durch ein umfassendes Sanierungskonzept hat der „Sand" in den letzten Jahren eine enorme Aufwertung erfahren. Zu den historischen Gebäuden gehört die Elisabethenkirche aus dem 15. Jahrhundert, das letzte noch erhaltene Zeugnis des ehemaligen Spitals. Die Namensgeberin, die Heilige Elisabeth, war Landgräfin von Thüringen und verbrachte, früh verwitwet, 1228 eine kurze Zeit in Bamberg bei ihrem Onkel, Bischof Ekbert von Andechs-Meranien. Im Verlauf ihres weiteren Lebens widmete sie sich den Kranken und Siechen, deshalb wurden viele mittelalterliche Spitäler nach ihr benannt. Betritt man den schlichten Innenraum der Kirche, überrascht ein Highlight. Einer der bedeutendsten Künstler der Gegenwart, der Maler und Bildhauer Markus Lüpertz, entwirft in einem noch laufenden Projekt acht Glasfenster. In einem ausgewählten theologischen Programm zeigen die Fenster Szenen aus dem Leben der Heiligen Elisabeth in Verbindung mit den sieben Werken der Barmherzigkeit. Durchgehendes ornamentales Motiv ist das Flechtmuster des Korbes, in dem sich nach der Legende das Brot für die Armen in Rosen verwandelte. Die Bildsprache der Fenster ist verbunden mit der technischen Ausführung in klassischer Bleiverglasung und dem Einsatz verschiedener alter und neuer Techniken der Glasmalerei. Mit den zeitgenössischen Glasfenstern von Markus Lüpertz ist eine perfekte Mischung zwischen Tradition und Moderne gelungen, und die Fertigstellung wird den Kirchenraum in ein völlig neues Licht tauchen. 2006 stellte Lüpertz im Rahmen einer Großskulpturenausstellung seine bildhauerischen Arbeiten in der Welterbe-Stadt aus. Drei Jahre später fand seine Skulptur „Apoll" neben der Kirche ihren dauerhaften Platz. Anlässlich der feierlichen Enthüllung entstand die Idee, die Elisabethenkirche mit farbigen Glasfenstern auszustatten. Was für ein Glücksfall!

TIPP

Klein aber fein: Orgelkonzerte freitags um 17 Uhr zu ausgewählten Terminen.

Kirche St. Elisabeth, Obere Sandstraße 29, 96049 Bamberg
https://luepertz-fenster-bamberg.de
ÖPNV: Bus 910, Haltestelle Elisabethenstraße

Eine Pyramide besteigen

72 *Erba-Park*

Bambergs Inselstadt ist geprägt von den beiden Armen der Regnitz, und beide Inselspitzen schließen jeweils mit einer Parkanlage ab. Im Süden liegt der Bürgerpark Hain aus dem 19. Jahrhundert und im Norden befindet sich eine Parkanlage aus dem 21. Jahrhundert, der Erba-Park. Die moderne, großzügige Parkanlage entwickelte sich aus dem Hauptgelände der Landesgartenschau von 2012 auf der Industriebrachfläche der ehemaligen „Mechanischen Baumwoll-Spinnerei und Weberei Bamberg", der späteren „ERBA" (Erlangen/Bamberg). Im Spannungsfeld zwischen dem Ziegelbau der ehemaligen Werkshalle, dem prägnanten Wasserturm und der Direktorenvilla entstanden ein Fischpass, fünf Spielplätze, ein Volleyball- und ein Basketballfeld, ein Bienenhaus mit Bienengarten und die Pyramidenwiesen. Planungsgrundlage war ein Matrixgeflecht mit unregelmäßigen Linien, Flächen und Winkeln. Dieses Geflecht wurde von der zweiten Dimension in die dritte Dimension übertragen und daraus entwickelte man drei geometrische Wiesenpyramiden zwischen drei und fünf Höhenmetern und mit unterschiedlichen Neigungen. Die landschaftsplanerische Idee hatte aber auch praktische Gründe. Unter den Pyramidenwiesen verschwanden tonnenweise Bauschutt und der Aushub des Fischpasses. Abgedeckt wurde alles mit einer 150 cm hohen Rekultivierungsschicht aus Steinen, Sand, Lehm und abschließend humosem Material. Auf diesem wunderbar weichen Wiesengras lassen sich die Pyramiden ganz leicht erklimmen, und man wird belohnt mit einem herrlichen Blick über das Parkgelände bis zurück in die Stadt. Der weitläufige Park lädt ein zu weiteren Erkundungstouren bis zur nördlichen Inselspitze und an die Stelle, an der sich die beiden Regnitzarme wieder vereinen. Von einer Treppenanlage, inszeniert wie eine Theaterbühne, bietet sich ein Blick über die weiten Wasserflächen und das Hafengelände. Ein besonderer Geheimtipp an dieser Stelle ist der Sonnenuntergang.

TIPP Die Vielzahl der zur Landesgartenschau gepflanzten Bäume sind im Frühjahr eine Blütenpracht!

Erba-Park, Fabrikbau, 97049 Bamberg
www.fv-bamberg2012.de
ÖPNV: Bus 906, Haltestelle An der Spinnerei

Zwischen Luft und Erde

73 *Ein Poet, der leuchtet*

In den dunklen Abendstunden durch die beleuchtete Innenstadt zu schlendern hat einen ganz besonderen Reiz. Die Beleuchtung setzt effektvoll die Gebäude in Szene, sodass die Stadt in der Dunkelheit einen ganz eigenen Zauber entfaltet. Einen Höhepunkt findet man auf der Oberen Mühlbrücke. Eine beleuchtete Großskulptur auf einer sechs Meter hohen Stele, mitten im historischen Umfeld, bietet ein spannungsvolles, optisches Erlebnis. Im Jahr 2012 fand eine sechsmonatige Ausstellung des katalanischen Künstlers Jaume Plensa statt, unter dem Titel „8 Poets for Bamberg“ zeigte er acht beleuchtete Großskulpturen im öffentlichen Raum. Dank des Ankaufs hat die Großskulptur „Air-Earth“ auf der Oberen Mühlbrücke ihren dauerhaften Standort gefunden. Die am Tag matt weiß schimmernde Polyesterkunstharzplastik lenkt den Blick in die ungewöhnliche Perspektive nach oben. Während der Dunkelheit leuchtet sie in einem Farbwechselspiel von einem leuchtenden Rot über ein metallisches Blau bis zu einem satten Grün, mit den dazugehörigen Zwischentönen. Der Künstler hat sein Kunstwerk in Position, Material, Raum und nicht zuletzt Blickrichtung sehr genau komponiert. So schaut der Poet von seinem Standort flussaufwärts, genau zu dem Gebäude, in dem die Idee ihren Ursprung nahm. 1998 wurde im Internationalen Künstlerhaus Villa Concordia, unter seinem damaligen Direktor Dr. Bernd Goldmann, die erste Ausstellung von Großplastiken organisiert. Zahlreiche Ausstellungen zeitgenössischer Künstler wie Fernando Botero, Johannis Avramidis, Igor Mitoraj und viele weitere fanden ihren Weg nach Bamberg. Mit Unterstützung zahlreicher Sponsoren wurde jeweils eine Skulptur angekauft, und man legte damit den Grundstein für den „Bamberger Weg moderner Skulpturen“. Hier trifft die Moderne auf das historische Welterbe, ein spannender Kontrast. Will man an diesem Glücksort noch etwas länger verweilen, kann man eine Genusspause auf der Brückenterrasse des Restaurants Eckerts einlegen.

Beleuchtete Skulptur von Jaume Plensa, Obere Mühlbrücke 9, 96049 Bamberg
ÖPNV: Bus 901, 908, 912, 918, Haltestelle Schillerplatz oder Schranne

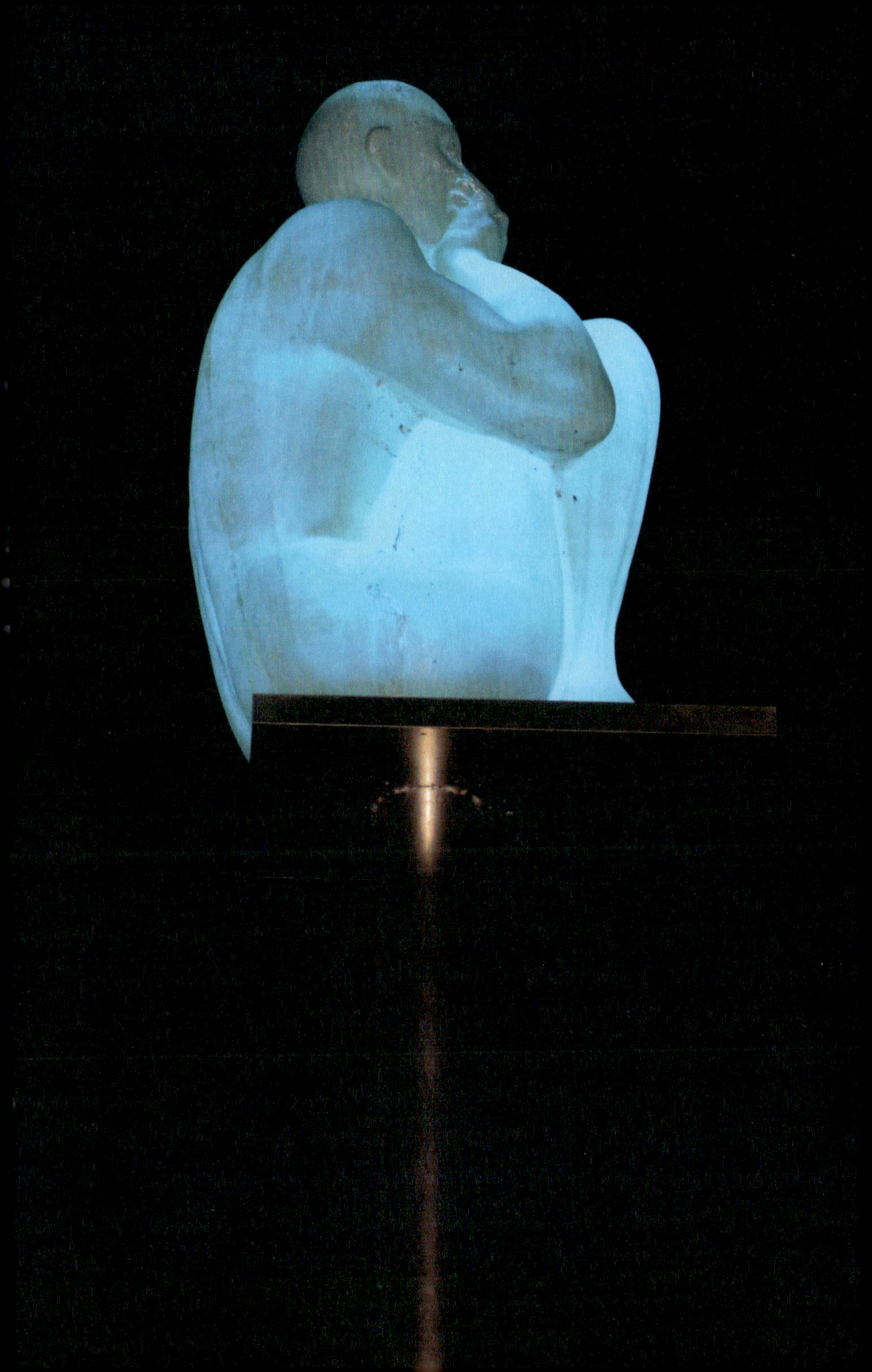

Sanfte Hügel

74 *Fränkische Toskana im Bamberger Land*

Wo liegt die Fränkische Toskana? Den Begriff prägte der Bamberger Mundartdichter Gerhard C. Krischker in seinen Erzählungen über das Ellertal. Das Ellertal liegt östlich von Bamberg entlang des Ellerbachs mit den Gemeinden Tiefenellern, Lohndorf, Litzendorf, Naisa und Pödeldorf. Im Jahr 2005 schlossen sich die Gemeinden Memmelsdorf, Litzendorf und Strullendorf zusammen, um sich gemeinsam unter dem Namen Fränkische Toskana zu präsentieren und touristisch zu vermarkten. Die Ausläufer des fränkischen Juras mit ihrer sanften Hügellandschaft erinnern an die italienische Namensgeberin und doch ist es, wie der Name schon sagt, fränkisch anders. Zwischen den Hügeln schlängeln sich kleine Bäche, begleitet von blühenden Streuobstwiesen und leuchtendgelben Rapsfeldern im Frühjahr, dann folgt das dunkle Gelb der Getreidefelder im Sommer und das Goldgelb der Wälder im Herbst. Die Dörfer Lohndorf und Tiefenellern sind noch geprägt von typisch fränkischen Fachwerkhäusern, und der Wegesrand ist gesäumt von kleinen Kapellen und Feldkreuzen. Kunst und Kultur gehen hier Hand in Hand, und so gab 1994 die „Fränkische Straße der Skulpturen" eine Initialzündung, moderne Kunst im öffentlichen Raum zu präsentieren. Zwischen Memmelsdorf und Tiefenellern erleben Kunstliebhaber unter freiem Himmel außergewöhnliche Kunstwerke, die für den jeweiligen Ort erdacht und geschaffen wurden. Mittlerweile kann man vier thematisch unterschiedliche Kunst- und Skulpturenwege mit Werken regionaler und internationaler Künstler erwandern, von „Figur im Focus" bis zu einem „Kunst- und Besinnungsweg". Die Fränkische Toskana vermittelt italienisches Lebensgefühl mitten in Oberfranken mit einer traumhaften Landschaft zwischen Kunst, Kultur und Kulinarik. Hier kann man Glücksorte in einer großen Vielfalt erleben.

TIPP Ein besonderes Erlebnis sind die Litzendorfer Kerzenlichtkonzerte in der Pfarrkirche St. Wenzeslaus.

Memmelsdorf, Litzendorf, Strullendorf
www.fraenkische-toskana.com
ÖPNV: Bus 907 bis Memmelsdorf, 970 bis Litzendorf, RE bis Strullendorf

Auf den Keller gehen

75 *Spezial-Keller*

Im Sommer „auf den Keller gehen", um ein kühles Seidla Kellerbier zu trinken, das bedeutet für Einheimische und Gäste einen Ort und eine Zeit der Glückseligkeit. Was sich für Auswärtige vielleicht befremdlich anhört, resultiert aus einer langen Tradition. Der geologische Untergrund des Berggebietes besteht aus einem Keupersandstein, den man über Jahrhunderte zur Sandgewinnung abbaute, sodass in dessen Folge ein weitverzweigtes unterirdisches Stollensystem entstand. Im 19. Jahrhundert, als die Anzahl der Brauereien mit 65 ihren Höchststand erreichte, nutzte man das Stollensystem zur Lagerung von Bier. Mit zusätzlich eingelagerten Eisblöcken konnte dort die Temperatur bis in den Spätsommer konstant kühl gehalten werden. So lag es nahe, direkt über den Stollen Biergärten zu errichten und das Bier direkt vor Ort auszuschenken. Es ist sozusagen der Biergarten, der auf dem Bierkeller liegt, und daher kommt der Spruch „auf den Keller gehen". Direkt neben der Sternwarte, nur wenige Gehminuten von der historischen Altstadt entfernt, liegt der traditionsreiche Spezial-Keller. Ausgeschenkt wird Rauchbier der Brauerei Spezial, die auf eine fast 500-jährige Brautradition zurückblicken kann. Das über einem offenen Buchenholzfeuer handwerklich hergestellte Malz verleiht dem Bier seinen typisch rauchigen Geschmack. Der Spezial-Keller bietet wohl einen der schönsten Ausblicke auf Bamberg, und so trifft man sich während der Sommermonate gerne unter den großen schattigen Platanen. Doch sind die Panoramaplätze hoch begehrt und es empfiehlt sich eine rechtzeitige Reservierung. In der kühleren Jahreszeit bietet die holzvertäfelte Gaststube mit dem Kachelofen einen heimeligen Ort. Zum Seidla Bier kann man sowohl drinnen als auch draußen typisch fränkisches Essen genießen. Das Angebot erstreckt sich von einer Brotzeit mit Presssack und Ziebeleskäs bis hin zur deftigen Mahlzeit mit Schäufela, Wirsing und Klößen.

TIPP **Spannende Führung durch Bambergs Stollenanlagen unter www.vhs-bamberg.de.**

Spezial-Keller, Sternwartstraße 8, 96049 Bamberg
www.spezial-keller.de
ÖPNV: Bus 901 Haltestelle Würzburger Straße, Fußweg ca. 15 Minuten

SPEZIAL KELLER
Spezial Keller
Das Mitbringen von Getränken ist auf dem gesamten Gelände verboten
Krug - Diebstahl wird zur Anzeige gebracht.
Junggesellen- / innen Abschiede werden nicht bedient.

Wunsch frei

76 *Das Sams im Glück*

Der Kinderfilm „Sams im Glück“ (2012) ist die dritte Verfilmung nach „Das Sams“ (2001) und „Sams in Gefahr“ (2003) über das blitzgescheite und respektlose kleine Wesen mit Rüsselnase und Taucheranzug aus der Feder des Bamberger Kinderbuchautors Paul Maar. Und wie hat alles begonnen? Am Sonntag scheint die Sonne, am Montag kommt Herr Mohn und bringt einen Mohnblumenstrauß, am Dienstag hat Herr Taschenbier Dienst, am Mittwoch ist die Mitte der Woche, am Donnerstag gibt es Donner, am Freitag hat Herr Taschenbier frei und, ja, am Samstag kommt das Sams. Seit 1973 veröffentlicht Paul Maar Geschichten über das freche Fabelwesen, das gerne seinen Schabernack mit anderen treibt, und die dank der Verfilmungen nun alle in Bamberg spielen. Und was ist das Besondere am Sams? Es hat blaue Wunschpunkte, und für jeden Punkt darf man sich etwas wünschen. Wenn diese zur Neige gehen, muss man sich wieder neue Wunschpunkte beschaffen, und das sorgt wiederum für allerlei Turbulenzen. Nun ist Bamberg die wahre Heimat des Sams und man kann sich auf die Spuren der Filmdrehorte begeben. Die Außenkulisse für das Haus, in dem Herr Taschenbier bei Frau Rotkohl ein Zimmer gemietet hatte, findet man in der Judenstraße 16. Offiziell heißt es das „Haus zum Einhorn", doch der Volksmund nennt es mittlerweile nur noch das „Sams-Haus". 2012 fand das Sams seinen Platz auf einem Abenteuer- und Wasserspielplatz des Landesgartenschaugeländes in direkter Nachbarschaft zur Villa Wunschpunkt, einem ehemaligen Schleusenwärterhäuschen. Gleich daneben steht die Sams-Ampel, ein Geschenk zu Paul Maars 80. Geburtstag. Diese springt auf Knopfdruck an und zeigt entweder ein gehendes Sams bei Grün oder ein stehendes bei Rot. Einen weiteren Sams-Spielplatz mit Herrn Taschenbier und einer Wunschmaschine findet man in der Kleingartenanlage, und das Sams höchstpersönlich wartet in der Nähe vom Fünferlessteg.

TIPP Die Villa Wunschpunkt ist nun „KaffeeGlück“-Filiale von „KuchenGlück“, An der Spinnerei 11 und 27.

Erba-Park, Fabrikbau, 97049 Bamberg
ÖPNV: Bus 906, Haltestelle An der Spinnerei

Verehrung des Wassers

77 *Osterbrunnen in Teuchatz*

Tausende von kunstvoll bemalten Eiern und bunten Papierbändern auf Tannen-, Fichten- oder Buchsbaumzweigen schmücken zur Osterzeit die Brunnen und Quellen der Dörfer in der Fränkischen Schweiz. Dass dieser Brauch gerade hier seinen Ursprung hat, liegt in der Bedeutung des Wassers als Leben spendendes Element auf den wasserarmen Hochebenen des fränkischen Juras. Bevor die Wasserleitung in die Dörfer kam, versorgten sich die Menschen aus Zisternen oder trugen das Quellwasser mühevoll auf Brunnenwegen vom Tal hinauf auf die Jurahöhen. Teuchatz liegt nur etwa 15 Kilometer von Bamberg entfernt auf etwa 545 Metern Höhe am Rande der fränkischen Alb. Der Dorfbrunnen bestand aus einer Brunnenstube, in der das Sickerwasser gesammelt wurde, und diente bis in das Jahr 1954 als einzige Wasserquelle für die 210 Einwohner. Damals schöpfte man das Wasser in eine Butte, ein Wasserfass aus Holz oder Blech mit zwei Traggurten, und trug es mühsam nach Hause. Nach starken Regenfällen oder nach der Schneeschmelze war das Wasser braun und ungenießbar, doch man sprach dem Wasser eine gewisse Heilkraft zu. Aus Verehrung für das Wasser hat sich daraus der Brauch entwickelt, aus frischem Grün Bögen und kunstvolle Kronen zu binden und die Brunnen damit prachtvoll zu schmücken. Hauptbestandteile der Dekoration sind die Eier als Sinnbild der Fruchtbarkeit, der Blumenschmuck als Ausdruck der Freude über den herannahenden Frühling, und die bunten Bänder stehen für die Lust am Leben. Seit 1975 hat man in Teuchatz diese Tradition wieder aufleben lassen und die Gestaltung des hiesigen Brunnens wirkt in seiner Gesamtheit wunderbar geschlossen und harmonisch. Jedes einzelne Ei lohnt die nähere Betrachtung, es ist handbemalt und ein kleines Kunstwerk. Ab Teuchatz empfiehlt sich eine Osterbrunnenwanderung in die umliegenden Ortschaften rund um den Markt Heiligenstadt, und man erlebt immer wieder neue Glücksorte dank der Vielfalt der unterschiedlich gestalteten Osterbrunnen.

TIPP Für Wintersportfans gibt es eine Langlaufloipe mit geringer Steigung auf der Teuchatzer Höhe.

Teuchatz, Bushaltestelle, 91332 Heiligenstadt
www.markt-heiligenstadt.de
ÖPNV: Bus 975, Haltestelle Teuchatz

Bezaubernder Uferweg

78 *Schiffbauplatz*

Der Schiffbauplatz liegt zwischen der Markusbrücke und der Konzerthalle. Hier befand sich einst die Arbeitsstätte der Bamberger Schiffbauer, die vor Anbindung an die Eisenbahn alles bauten, was dem Transport auf dem Wasser diente, von den einfachen Fischerbooten bis hin zum stattlichen Mainschiff. Der Stapellauf eines Schiffes war in jener Zeit eine große Festlichkeit, von der damaligen Bedeutung des Schiffbauplatzes ist heute jedoch nur noch der Straßenname geblieben. Mit der Auffüllung der ehemaligen Schiffswinterung entstanden im Bereich zwischen der Markusstraße und der Weide um 1900 ein Villengebiet und private Gärten entlang der Regnitz. Eines der Begleitprojekte der Landesgartenschau von 2012 war die Vernetzung von Stadt und Fluss. Daraufhin wurde im Bereich des Schiffbauplatzes ein Streifen abgetrennt, um einen ufernahen Weg anzulegen. Bei dem anfangs umstrittenen Projekt wurde in der Planung auf viele Details Rücksicht genommen. Alter Baumbestand, historische Mauern und einheimische Gehölze konnten erhalten werden, ebenso eine 120 Jahre alte Linde, die den Wegeverlauf bestimmte. Aus heutiger Sicht hat sich der Aufwand gelohnt. Der etwa 200 Meter lange Uferweg, auf der Sonnenseite der Regnitz gelegen, bietet neue und einzigartige Ausblicke auf Bamberg, insbesondere die Bergstadt. So kann man den Blick schweifen lassen von der ehemaligen Benediktinerabtei St. Michael mit den barocken Terrassengärten bis hin zu den mächtigen Türmen des Domes. Wenige Schritte vor der Konzerthalle wurde der Uferbereich abgeflacht, um der Regnitz etwas mehr Freiraum zu geben. Entstanden ist eine Flachwasserzone mit einem ökologisch wichtigen Lebensraum für Pflanzen- und Tierwelt. Auf der Wiese findet man thematisch passend die Großskulptur „Ankerfigur“ von Bernhard Luginbühl, die sich optisch auf den Michelsberg bezieht. Dann gelangt man am Ende des Weges zum großzügig angelegten Vorplatz der Konzerthalle der Bamberger Symphoniker mit zahlreichen Sitzgelegenheiten.

TIPP Am Ende des Weges kann man mit einem Summstein die eigene Stimme spielerisch erfahren.

Schiffbauplatz, 96047 Bamberg

ÖPNV: Bus 910, 916, Haltestelle Markusstraße, oder 906, Haltestelle Konzerthalle

Brückenzoll als Spende

79 *Fünferlessteg im Erba-Park*

Die Bamberger sind traditionsbewusst, und man erinnert sich immer wieder gerne an die vielen kleinen Dinge vergangener Zeiten. So hat auch der Fünferlessteg wieder einen Erinnerungsort gefunden. Die Idee geht zurück auf das Jahr 1925, als der Wunderburger Bürger Johann Bruckner einen hölzernen Behelfssteg über den rechten Regnitzarm errichten ließ. Jeder, der die Regnitz überqueren wollte, musste ein Fünferla, das heißt fünf Pfennig, als Brückenzoll an die Familie entrichten, die den Steg von 5 Uhr morgens bis 22 Uhr abends unterhielt und von dem Brückenzoll lebte. Mit dem Ausbau des rechten Regnitzarmes zum Main-Donau-Kanal war am 31. Oktober 1960 das Ende des Fünferlesstegs besiegelt. Das zweite Kapitel beginnt mit dem Neubau der Kettenbrücke, einer hochfrequentierten Verbindung von der Oberen Königstraße in die Hauptwachstraße. Während der mehrjährigen Bauzeit war eine provisorische Fußgängerbrücke erforderlich, und somit folgte die Wiederauferstehung der historischen Brückenidee. Die Münzen des Brückenzolls wurden in Edelstahlboxen gesammelt und kamen der ehrenamtlichen Arbeit verschiedener Organisationen zugute. Rechtzeitig zur Landesgartenschau 2012 waren die Brückenbauten über den Main-Donau-Kanal abgeschlossen und damit begann das dritte Kapitel. Die ausgediente Fußgängerbehelfsbrücke fand im Landesgartenschaugelände ihren endgültigen Standort. Aus dem Landesgartenschaugelände wurde schließlich der Erba-Park, benannt nach der ehemaligen Baumwollspinnerei, die sich dort befand, und hier kann man den Fünferlessteg immer noch für einen freiwilligen Brückenzoll überqueren. Die ungewöhnliche Idee, ein Bauwerk an zwei Einsatzorten zu verwenden, wurde 2014 mit dem Deutschen Brückenbaupreis gewürdigt. Ein Glücksort, der ein kleines Stück Stadtgeschichte lebendig erlebbar macht.

Erba-Park, Fabrikbau, 97049 Bamberg
www.fv-bamberg2012.de/erba-park
ÖPNV: Bus 906, Haltestelle An der Spinnerei

Dem Himmel ganz nah

80 *Schöpfungsweg*

In Einklang mit der Schöpfung Momente des Glücks erleben! Diese Gelegenheit bietet der Schöpfungsweg, der anlässlich des 1000-jährigen Bistumsjubiläums Bambergs angelegt wurde.
Als Rundweg konzipiert, aber auch in Teilabschnitten erlebbar, führt er vom ehemaligen Benediktinerkloster St. Michael über den Ottobrunnen bis zur Quelle im Michelsberger Wald. Er verdeutlicht den Übergang von der Stadt hin zur freien Natur und öffnet die Augen für die Schönheit von Wasser, Wiesen und Wäldern. Gemäß der Schöpfungsgeschichte kultivierten die Mönche ihre Ländereien, und die Stationen sind Teil einer Kulturlandschaft, die durch die Bewirtschaftung über Jahrhunderte geprägt und einfühlsam ergänzt wurde. Start- und Endpunkt des Weges ist der Innenhof der Klosteranlage. Die erste Station zeigt einen Bibelgarten mit Pflanzen, die im Alten und Neuen Testament ihre Erwähnung finden, darunter den Weinstock und den Apfelbaum, aber auch den Christdorn und die Mariendistel. Hinweisschilder zitieren den Bibeltext und erläutern die Symbolik sowie die Heilwirkung der jeweiligen Pflanze. Der Schöpfungsweg führt vom Innenhof hinaus in Richtung Ottobrunnen, benannt nach Bischof Otto dem Heiligen. Hier eröffnet sich ein weites offenes Gelände, der Stadt ganz nah und doch eine Oase der Ruhe mit einem Panoramablick von St. Michael bis St. Getreu, der ehemaligen Propstei des Klosters. Dann sind es nur noch wenige Schritte bis zum Lavendellabyrinth, einem uralten Menschheitssymbol und Sinnbild für den verschlungenen Lebensweg. Weiter geht es durch einen dicht mit Bäumen und Büschen bewachsenen Hohlweg hinaus in die Weite der Waldwiese, um von dort wiederum in die Dichte des Waldes zu gelangen. Der entfernteste Punkt ist die historische Quellfassung im Michelsberger Wald, deren Wasser dem natürlichen Gefälle folgt und schon vor 1000 Jahren das Kloster versorgte. Der Schöpfungsweg ist eine Auszeit vom Alltag, besinnlich und erholsam.

TIPP

Der gesamte Rundweg umfasst 12 Stationen über eine Länge von 5,5 Kilometern.

Schöpfungsweg, Michelsberg 10, 96049 Bamberg
www.bamberg.info/pdf/pdf/downloads/flyer_broschueren/flyer-schoepfungsweg-bamberg.pdf (Download)
ÖPNV: Bus 910, Haltestelle Michelsberg

Bibliografische Informationen der Deutschen Nationalbibliothek
Die Deutsche Nationalbibliothek verzeichnet diese Publikation in der Deutschen Nationalbibliografie; detaillierte bibliografische Daten sind im Internet über http://dnb.d-nb.de abrufbar.

Konzeption/Satz: Droste Verlag, Düsseldorf
Einbandgestaltung und Illustrationen: Britta Rungwerth, Düsseldorf, unter Verwendung von Bildern von © Fotolia.com: jd – photodesign.de; © iStock: Plociennik Robert
Fotos: Lore Kleemann, außer:
S. 17: © Bayerische Schlösserverwaltung, www.schloesser.bayern.de – Fotografin: Lore Kleemann; S. 29: © Zuckerstück; S. 33: © Zweckverband Thermalsolbad Bad Staffelstein; S. 95: © CAB Artis; S. 99: © Christiane Toewe; S. 103: © Markus Raupach, Bamberg; S. 107: © Werner Lorenz; S. 109: © Bayerische Schlösserverwaltung, www.schloesser.bayern.de – Fotografin: Lore Kleemann; S. 113: Roland Fuchs © Jazzclub Bamberg; S. 115: © Soziale Betriebe der Laufer Mühle GmbH; S. 125: © Theater der Schatten Bamberg, Nobert Götz; S. 127: © Dr. Matthias Mäuser, Leiter Naturkunde-Museum Bamberg; S. 145: Folker Bergmann © Haßberge Tourismus e.V.; S. 155: Kopfwerk © Tourist-Information Fränkische Toskana

MIX
Papier aus verantwortungsvollen Quellen
FSC® C011279
FSC www.fsc.org

Druck und Bindung: LUC GmbH, Greven
ISBN 978-3-7700-2281-6

www.droste-verlag.de